構成的グループエンカウンター ミニエクササイズ50選 中学校版

構成的グループエンカウンター研究会・新潟　代表　吉澤克彦編著

明治図書

推薦文

　本書の推薦文を引き受けたのは，私に三つの想いがあるからである。

　一つは編著者吉澤克彦に「構成的グループエンカウンターを学校に広げる前に，一度，提唱者に会ってくるように」と指示された平澤泰三校長への想いである。これが機縁で鳥屋野中学校は全学級でＳＧＥを展開するモデル校となった。すべての子どもを対象とした「育てるカウンセリング」の一つとしてＳＧＥに着目された平澤校長に敬意を表したい。本来ならこの推薦文は平澤校長が書かれるはずのものである。私は故人にかわって本稿を引き受けた。それが第一の想いである。

　第二の想いは，吉澤克彦についてである。彼は筑波大学での私の研究会に新潟から足繁く通い，私の教え子たちと交流が深まったので，彼に対する私のフィーリングは「ゼミ生」である。それゆえ，教え子の編著書出版を祝する想いから本稿を書きたくなった。

　第三の想いは，「教師だからこそできるカウンセリング」の一つがこれだ！と私自身が教え子の本を介して檄を飛ばしたいからである。なぜか，「臨床心理士だけがスクールカウンセラーか」という想いが私にはあるからである。本書の執筆者のように，教育とカウンセリングの両方になじみのある教育の専門家が，日本の防人である！　教育の素人である心理療法家がスクールカウンセラーというのは納得できない！　私は本書を介して全国の教育者にそう訴えたい。

　以上が私の推薦の弁である。

　平成13年1月25日

日本教育カウンセラー協会会長
カウンセリング・サイコロジスト

國分　康孝（Ph.D.）

はじめに

　平成8年11月，勤務校であった，新潟市立鳥屋野中学校の学級経営研究発表会で「21世紀に向けた21の新授業」と題して全校21クラスで構成的グループエンカウンター（SGE）を公開した。
　お互いの向上のために自主的・意欲的に活動する生徒を育てたい。そんな願いを構成的グループエンカウンターによる人間関係づくりと自分づくりに託したのだ。
　やがて，勤務校では一単位時間のSGE実施による効果を認めつつも，なかなか実施のための時間確保ができないのが実状となった。日本カウンセリング学会でもブリーフセラピーや時間制限療法の発表や論文が多い。日本教育カウンセラー協会全国大会（2000.10）での発表論文も，その傾向は顕著である。変化が激しく，しかも忙しい世の中だ。より短い時間で効果を上げようというのは時代の要請である。
　そこで登場するのがミニエクササイズである。本書分担執筆者の神田一弘，野澤一吉，中村雅芳らの発想である。その骨格は，朝の会・帰りの会，ゆとりの時間などの活用や授業の導入部分で活用できるエクササイズの選定と開発を行い，一単位時間のSGEとミニエクササイズを年間計画の中で組み合わせ，効果を上げようというものである。
　本書の「短時間で手軽に実施できる効果的なミニエクササイズ」はこの延長上にあるものだと考えている。その主張するところはただ一点。ミニエクササイズの実施で「子どもたちが成長する」ということ。一単位時間の実施とミニエクササイズの効果の違いについては，実証的な研究を積まなければならないが，鳥屋野中学校の実践をベースに，21世紀の始めの年，多くの方々に支えられ本書を出版することができたことをうれしく思っている。

　ここで，実践を支え導いてくださった次の方々に心からのお礼を申し上げます。
　SGEの師であり，日本のSGEの実践を支えてくださっている國分康孝先生，久子先生御夫妻。そして，日本教育カウンセラー協会と國分ヒューマンネットワークの先生方。
　新潟市立鳥屋野中学校での7年間の実践を指導していただいた平澤泰三校長，笠原松男校長，高橋一栄校長。そして，鳥屋野中学校の職員の皆様。
　ミニエクササイズ集の小学校編を企画された八巻寛治先生。
　実践を経た50のミニエクササイズを手軽に実施できる形で執筆してくださった先生方。
　原稿の遅れを辛抱強く待っていただいた明治図書編集部の安藤征宏さん。
　最後に，いっしょに遊べない父のかたわらでブロック遊びをしている4歳の息子と妻に。
　本当にありがとうございました。

吉澤　克彦

●中学校構成的グループエンカウンター・ミニエクササイズ集
目　次

推薦文　國分　康孝
まえがき

序　章	構成的グループエンカウンター 　　ミニエクササイズの勧め

- 1　学ぶ意欲 ……………………………………………… 9
- 2　教師も変わる ………………………………………… 9
- 3　ミニエクササイズのコンセプト …………………… 10
- 4　収録エクササイズの分類 …………………………… 10
- 5　シェアリング ………………………………………… 12
- 6　抵抗予防 ……………………………………………… 13
- 7　ミニエクササイズの効果 …………………………… 13
- 8　振り返り用紙の活用 ………………………………… 13

第1章　出　会　い　を　楽　し　く

★リレーションのエンカウンター

- ①挨拶ジャンケン [全学年／一斉] ……………………………………… 16
- ②背文字送り [全学年／グループ・一斉] ……………………………… 18
- ③○○が好きな○○です [全学年／グループ・一斉] ………………… 20
- ④バースデーリング [全学年／一斉] …………………………………… 22
- ⑤ハイ！ [1学年／グループ・一斉] …………………………………… 24
- ⑥1年後の友へ [全学年／一斉] ………………………………………… 26
- ⑦他己紹介 [全学年／ペア・グループ] ………………………………… 28
- ⑧ゲス・フー　5対5 [全学年／グループ] …………………………… 30
- ⑨リラックス肩たたき [全学年／ペア] ………………………………… 32

⑩名刺交換 [全学年／グループ]…………………………………… *34*

第2章　　対話を楽しく

★コミュニケーションのエンカウンター

①ミラーゲーム [1学年／ペア・一斉]…………………………… *38*

②気持ち合わせて１２３ [全学年／グループ]…………………… *40*

③人間関係チェック [全学年／個人]……………………………… *42*

④一方通行 [全学年／一斉]………………………………………… *44*

⑤言葉から形へ [全学年／グループ]……………………………… *46*

⑥心をそろえて [全学年／グループ]……………………………… *48*

⑦Ｗｈｏ　ａｍ　Ｉ？ [全学年／一斉]…………………………… *50*

⑧南極体験へ行こう [全学年／グループ]………………………… *52*

⑨ダジャリレー [全学年／グループ・一斉]……………………… *54*

⑩みんなから一言 [全学年／グループ]…………………………… *56*

第3章　　集団を楽しく

★クラスマネジメントのエンカウンター

①トラストアクション [全学年／ペア・一斉]…………………… *60*

②ブレストゲーム [全学年／グループ]…………………………… *62*

③理想のクラスを絵に [全学年／グループ]……………………… *64*

④即興劇　だれもが名優 [全学年／グループ]…………………… *66*

⑤すごろくトーク [全学年／グループ]…………………………… *68*

⑥ジェスチャー伝言ゲーム [全学年／グループ]………………… *70*

⑦リレー物語 [全学年／グループ] ……………………………………… 72
⑧私の好きなクラス [全学年／グループ] ……………………………… 74
⑨You are great！ [全学年／一斉] ……………………………………… 76
⑩Good Luck 祈り込めて [全学年／グループ] ……………………… 78

第4章　危機を楽しく

★リスクマネジメントのエンカウンター

①トランプ戦争ゲーム [全学年／グループ] …………………………… 82
②満員電車ゲーム [全学年／グループ] ………………………………… 84
③学級イメージ [全学年／個人・グループ] …………………………… 86
④大切なもの [1・2学年／グループ] …………………………………… 88
⑤息子よ [全学年／グループ] …………………………………………… 90
⑥もし○○がなかったら [全学年／グループ・一斉] ………………… 92
⑦気を利かせて [2・3学年／ペア] ……………………………………… 94
⑧私の短所 [全学年／グループ] ………………………………………… 96
⑨中学校に来るわけ [3学年／一斉] …………………………………… 98
⑩変身物語 [1・2学年／グループ] …………………………………… 100

第5章　自分を楽しく

★セルフディスカバリーのエンカウンター

①喜怒哀楽 [全学年／個人] ……………………………………………… 104
②こう見えても私は… [全学年／一斉] ………………………………… 106

③私は私が好きです [全学年／グループ]……………………………………… 108
④ビッグドリーム [1学年／ペア]…………………………………………… 110
⑤ミニ内観 [3学年／ペア]…………………………………………………… 112
⑥一番欲しいモノ [全学年／グループ]……………………………………… 114
⑦なんでここにいるの？ [全学年／一斉]…………………………………… 116
⑧さいころトーク [全学年／グループ]……………………………………… 118
⑨印象ゲーム [全学年／一斉]………………………………………………… 120
⑩〇年後の私からの手紙 [全学年／個人]…………………………………… 122

編集を終えて………………………………………………………………………… 124
執筆者………………………………………………………………………………… 125

序章　構成的グループエンカウンター　ミニエクササイズの勧め

1　学ぶ意欲

　構成的グループエンカウンター（ＳＧＥ）は結構奥深い。ＳＧＥ実施の効果をより確実なものにするためには，ＳＧＥを体系的に学んだり自らも体験したりする必要がある。それとともに，ＳＧＥのリーダー体験を積む必要がある。10回くらい実施すると随分慣れるものである。

　また，ＳＧＥの背景にあるカウンセリングの理論や技能を学び，身につけることも必要である。しかし，それらを学ぼうとするには時間もかかる。忙しい中，そのことに時間を割こうとするには，相当な決意と意欲がなければ難しい。

　その決意や意欲はどこからくるのか。

　それは，ＳＧＥの効果を目の前の生徒とともに実感したときではないだろうか。

　生徒はＳＧＥの中で人間関係を学び，思いやる気持ちや支え合い協力し合う体験をする。自分を知り，他者の多様な行動や考えに触れる。

　さらに，触れ合いの中で，自他の価値観を意識する体験や感性を磨き合う体験をする。

　鳥屋野中学校では，ＳＧＥの成果について検討した研修会時の記録に次のようなものが残っている。

　「学級の雰囲気が受容的になり，学習意欲が高まった」

　「ＳＧＥを導入したら行事が盛り上がった」

　「思いやりのある行動が随所に見られるようになった」などなど。

　ＳＧＥは，まさに人間関係や自分を磨く体験学習のツールである。

2　教師も変わる

　ＳＧＥを学ぶメリットとして，見逃せない点がもう一つある。

　それは，「教師も変わる」ということである。

　私自身の体験を語れば，國分康孝先生のＳＧＥワークショップへの参加は，自己の生き方や考え方，行動の仕方，感情の所在や表出の仕方などを見直す教育分析の機会であった。例えば，「自己主張できない自分が情けない」「だれとでも仲良く調子を合わせなければならない」「だれからも好かれなければならない」というイラショナルビリーフを「自己主張できないのではない。しようと思えばいつでもできるが，今はしないだけである」「迎合する必要はまったくなく自分のスタイルを貫くのもいい」「みんなから愛される必要はない。理解し合える仲間が少数でもいること

が素晴らしい」と修正ができた。つまり，ありたいようなあり方ができるということ。また，I am OK. You are OK. と自他を肯定的にとらえること，自分だけで生きているのではないと周りに感謝すること，ここぞというときに自己主張することなども実感的にとらえることができた。

そして，生徒の言動に対する対応や生徒の見方，接し方，リーダーシップの取り方，授業の組み立て方など，教師としてのあり方を根元的な部分で揺さぶられ，自己改革を迫られた。

3　ミニエクササイズのコンセプト

ミニエクササイズのコンセプトは，
① はやい（短時間），②安い（易い＝手軽），③旨い（効果的）である。

① エクササイズ選定の条件の第一は，15分以内で実施できるものとしたこと。（はやい）
　結果的には，20分程度必要なもの，15分を1回として，数回実施しなければ効果的でないものを含むことになったが，短時間でできるものを収録するという条件をかなり厳しく守ったつもりである。
② 条件の第二は，ワークシートを用いるということ。（安い＝易い）
　本書のワークシートをコピーすることで準備時間を短縮できる。それにより，手軽に実施できるものを目指した。また，指示を簡潔にし，何を行えばよいのかを明確にした。
　本書を用いて，手軽に実施しながら，魅力的なＳＧＥワールドに踏み出してほしいという願いを込めてのことである。
③ 条件の第三は，実践されたもの，効果的であったものだけを収録したこと。（旨い）
　収録したものは，私自身や他の執筆者及びその勤務校，サークル等の複数の者による実践を経ている。そして，振り返り用紙や測定具などを用いて効果を確認している。
　手軽だけれども，効果のほどは期待できないといった粗悪品ではない。この部分は，誠実に実践のフィルターを通したつもりでいる。
　実践してみて人気が高かったミニエクササイズベスト10は，4章―1，5章―8，1章―4，4章―2，2章―1，3章―6，2章―9，1章―8，1章―5，5章―6，でした。お試しあれ。

4　収録エクササイズの分類

本書は，50のミニエクササイズを10ユニットずつ5つのカテゴリーに分類して収録している。それぞれの分類意図やねらいについてふれておきたい。

第1章　出会いを楽しく　リレーションのエンカウンター

ここでは，友達同士のリレーションづくりをねらいとした年度はじめや学期はじめに適したミニエクササイズを収録した。
集団になじめない生徒ほど出会いの場面でのＳＧＥによる人間関係づくりの効果が大きいこと

を鳥屋野中学校の実践で確かめている。シェアリング時の感想にもそのことを裏づける記述がある。

例えば，①挨拶ジャンケン実施後の感想に「人とのふれあいが楽しく，少しは楽になった。」「最初は緊張していたが，これからが楽しみになった。」「友達以外とこんなに話したのは初めてだった。いろんな人がいるけど，みんな優しいと思った。」などである。

人間は，よりよい人間関係，例えば相互に自己開示できる集団，所属感・連体感がもてる集団，凝集性が高く規範意識のある集団などの中にあって，自他共に人間として磨き合うことができる。好ましい関係成立は，学習活動における向上心や探求心の源でもある。

第2章　対話を楽しく　コミュニケーションのエンカウンター

リレーションがついて集団が活性化してくると，友達の輪も広がり学級での会話も増えてくる。それにともない，ちょっとしたことでの行き違いなどで，細かなトラブルも増えてくる。小さくまとまり，お互いに干渉しない集団では起こり得ないようなトラブルもある。例えば，ふざけがすぎて言い争いになったり，「〇〇君は係活動を人に押しつける」などの発言からトラブルに発展するのである。

そんな状況の時行うのが第2章に収めたミラーゲームなどのコミュニケーションを主体としたミニエクササイズである。お互いの考えを理解し，尊重することを体験的に学べるはずである。

第3章　集団を楽しく　クラスマネジメントのエンカウンター

鳥屋野中学校でエンカウンターの発表会を行った当時の平沢泰三校長は「生徒は，自ら興味・意欲あるいは明確なねらいをもって取り組む活動，すなわち『全心をこめた目的活動』においてこそ主体的な活動を行う。」と常々話しておられた。ＳＧＥは，主体的な活動の基盤となる集団づくりの方策として導入された。「集団を育て，個を育てる」有効な方法ならば，手探りで試行錯誤を繰り返しながらでも学んでいこう，生徒と共にＳＧＥそのものも育てていこうというのが職員の総意であった。第3

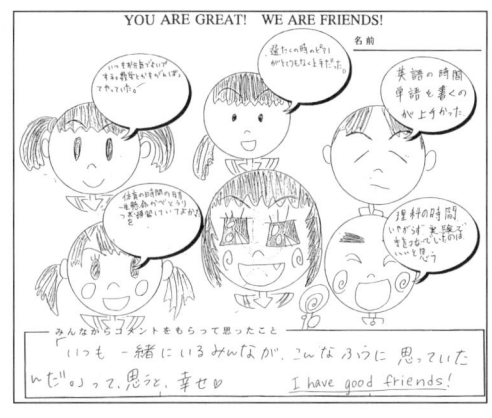

章に収めたミニエクササイズは，集団を育てることにねらいの中心をおいたものである。

例えば，第3章—9 You are great!では，上図のような生徒の活動結果がある。楽しんで活動し，普段は感じることのない友達からのポジティブなメッセージに感激している様子が読みとれる。

集団が育つと，1人で学習していた時には気づかなかったことに気づいたり，新たな発想に出会ったりして，各自の思考や感情が活性化される。価値の高い主体的活動がなされる過程では，生徒同士の十分な議論や話し合い不可欠だが，これらのミニエクササイズの実施が，集団を高め『全心をこめた目的活動』に生徒を向かわせるはずである。

第4章　危機を楽しく　リスクマネジメントのエンカウンター

　教育界で，ＳＧＥが高く評価されている理由の１つは，いじめ・不登校・学級崩壊・校内暴力等の教育界の緊要課題への予防である。これらの問題は，少なからず人間関係に起因している。人間関係の改善に効果的なＳＧＥを行うことが，これらの問題の解決につながるとの考えから注目を集めているのである。第４章に収めたミニエクササイズを貫くものは，「あなたが好き」というポジティブメッセージである。これが，ピンチをチャンスに変える魔法の言葉なのだ。

　前任の笠原松男校長の「『あなたが好き』というメッセージほど，子どもを勇気づけるものはない」という印象的な言葉がある。私はこの言葉をピンチの時に常に自分に問いかける。「あなたが好き」というメッセージをその生徒に発することができるかと。理より情。ピンチの局面はポジティブメッセージで切り抜けられる。

第5章　自分を楽しく　セルフディスカバリーのエンカウンター

　ＳＧＥは，人間関係づくりとともに「自分は何をしたいのか」「自分とは何か」といった自己理解や自己発見を支援する方法として，大きな可能性を秘めている。第5章に収めたミニエクササイズは，自分自身の感性と向き合い，自分自身を再発見する契機となるようなものを配した。ＳＧＥが一人ひとりの感性を磨く方法となりうることを確かめてほしい。

　高橋一栄校長は，「感性が育つポイントは，どれだけ心が動かされたり感動・感嘆する経験を積んでいるかであり，21世紀に活躍する子どもたちはこれまで以上に感性を豊かにしていく必要がある」と日常的な授業や活動場面で感性を鍛える重要性を強調される。その方策として，朝の会や帰りの会で実施できるここに収めた10のミニエクササイズを考えてみた。

5　シェアリング

　ここで，ミニエクササイズの実施とシェアリングについて整理にしておきたい。

　ミニエクササイズは，一単位時間のエンカウンターと同じく総論的には，人間関係づくりと自己発見が目的である。15分程度の実施で，一単位時間の実施と同じかそれに近い効果が得られるのか。ミニエクササイズを開発するときに頭を悩ませたのがこの点である。

　一単位時間以上を使用するＳＧＥの核心部分はシェアリング（エクササイズを遂行する中で気づいたこと感じたこと考えたことなどを話し合い分かち合うこと。）にある。エクササイズを流すだけでは薄っぺらなものとなり気づきも深まらないからだ。

　ミニエクササイズの実施で，シェアリングの部分をどう補償するのか。

　ミニエクササイズの使い方は，毎日の朝の会で実施したり，朝の会・帰りの会の両方を使ったり，授業の導入に実施したりと様々である。いずれにしても，15分程度となり，どうしてもシェアリングの時間が十分ではなくなる。

　本書は，15分の中にシェアリングの時間を極力確保した。さらに，事後活動として，学級だよりでの紹介や教室掲示，ポートフォリオに綴じるなどのシェアリング方法を提案している。ま

た，朝の会で実施したことを帰りの会で振り返るなどの分割型のシェアリングを提案した。

6 抵抗予防

　抵抗の予防や心的外傷の回避に関しても触れておきたい。
　短時間の実施では，対策が十分とれない場合や見落としが出てくるのではないか。
　このことに関しては，収録したミニエクササイズは，心的外傷が残るものはないと各人の実践と実践後の振り返り用紙とワークシートの記述から判断している。

7 ミニエクササイズの効果

　ミニエクササイズの効果に関する研究に，八巻寛治（仙台市立小松島小学校）の，学級崩壊からの再建に関する研究（日本教育カウンセラー教会全国大会発表論文集2000.10）や高橋浩二（横浜市立領屋中学校）の自己受容の変容に関する研究（上越教育大学修士論文）等がある。これらの実証研究と勤務校での生徒の振り返りなどの反応が上々であることを踏まえ，ミニエクササイズの実施と効果の関係について次のように考えている。
　一単位時間のＳＧＥは，学校暦の中で集中的に実施したり定期的に数多く実施したりするのは，全校体制で推進している勤務校でもなかなか難しい。それであれば，手軽に実施できるミニエクササイズを数多く行い，工夫したシェアリング方法を取り入れる方が現実的な選択であり，効果も期待できるのではないか。ミニエクササイズで土壌を作り，ここぞと言うときに一単位時間のＳＧＥを実施するのである。

8 振り返り用紙の活用

　最後にP.17にある振り返り用紙の活用について述べておきたい。短時間のミニエクササイズにおいても，振り返り用紙は，ぜひ書かせていただきたい。それには三つの理由がある。
　まず一つは，実践中は気づかなかったり見落したりすることもある一人一人の細やかな心の動きを振り返り用紙の記述からたどることができるからである。これは，その後の活動や学校生活におけるその生徒とのリレーションづくりに役立ったり，生徒理解の材料となったり，時には，エクササイズ中に気分を害したり落ちこんだりしている生徒の発見にもつながるからである。
　二つ目は，エンカウンターの評価，効果について，数値を出すことができる点である。やりっぱなしにしないためにも，その都度集計したい。①はインストラクション②はエクササイズ③はシェアリングの評価となる。④，⑤はねらいの特成⑥は子どもたちの意欲を判断するのに使える。
　三つ目は，振り返り用紙の蓄積が，実践のまとめのためには不可決だからである。
　ぜひ，効果的な活用を工夫していただきたい。

第1章 出会いを楽しく
★リレーションのエンカウンター

① 挨拶ジャンケン　次々とジャンケンを行い，シートにサインをもらう

② 背文字送り　列ごとに背文字を送る

③ ○○が好きな○○です　例えば「ひまわりが好きな阿部です」のように自己紹介する

④ バースデーリング　言葉を使わずジェスチャーで誕生日順に輪になる

⑤ ハイ！　「ハイ」がついたときだけ，指示に従う簡単ゲーム

⑥ １年後の友へ　１年後の卒業式の朝を伝え合う

⑦ 他己紹介　相互にインタビューした後，その相手を他のペアに紹介

⑧ ゲス・フー　５対５　クイズを出し，答え方の特徴でだれの解答か当てる

⑨ リラックス肩たたき　スキンシップを受け入れる体験，与える体験

⑩ 名刺交換　「私は○○です」の名刺を相互に交換する

エクササイズ 1　挨拶ジャンケン

ねらい　　楽しいゲームで，お互いの名前や特徴を知る。

対象・形態・時間　　1年生（2，3年も可）・年度はじめ・クラス全体・15分

事前活動・準備するもの　　振り返り用紙

参考図書　　『エンカウンターで学級が変わる　小学校編』（図書文化）「あいさつゲーム」

事後活動・発展　　感想を帰りの会までに書かせ，シートを集める。学級だよりで紹介。

▼活動の流れ

① 全員立ってジャンケンをする。2連勝したら座る。

② 歩きながらジャンケンし，勝った方から自己紹介する。

③ 簡単なシェアリングをする。

④ 振り返り用紙記入。

▼指示・留意点

　全員立ってジャンケンをします。2連勝したら座ってください。

・簡単なゲームで気持ちをほぐす。
・動きが鈍い子やふざけすぎている子を観察する。
・10人くらい残ったところで，終了する。

　次は，ジャンケンして勝ったら自己紹介します。どんどん勝って，最初に自己紹介しましょう。頑張ってください。

・使用可能時間の5分前になったら終了する。
・動きが鈍い子には，教師が行ってジャンケンをする。そして，次のジャンケン相手を見つけてやる。

　5回以上勝ったら人挙手。はい，拍手。

・頑張った人を讃えて終了する。感想を聞いてもよい。

※次ページ振り返り用紙は，50のミニエクササイズを通して使用できる。

<吉澤克彦>

次ページ＝ファックス資料　→

振り返り用紙

| 年 組 性別 |

月　　日　　実施
| 内　容 |

あてはまるところに〇をつけて下さい。　　年　　組　　番　　氏名＿＿＿＿＿＿＿＿

① 説明を真剣に聞けましたか。

　　Aはい　　Bだいたい　　Cあまり　　Dいいえ
　　□　　　　□　　　　　　□　　　　　□

② 楽しく取り組めましたか。

　　Aはい　　Bだいたい　　Cあまり　　Dいいえ
　　□　　　　□　　　　　　□　　　　　□

③ 素直に自分の思っていることを表現できましたか。

　　Aはい　　Bだいたい　　Cあまり　　Dいいえ
　　□　　　　□　　　　　　□　　　　　□

④ 自分の気持ちを考えたり自分自身を見つめたりする場面はありましたか。

　　Aかなり　Bすこし　　　Cあまり　　Dまったく
　　□　　　　□　　　　　　□　　　　　□

⑤ 友達の気持ちを考えたり受け入れたりする場面はありましたか。

　　Aかなり　Bすこし　　　Cあまり　　Dまったく
　　□　　　　□　　　　　　□　　　　　□

⑥ またSGEをやりたいですか。

　　Aはい　　Bやや　　　　Cあまり　　Dいいえ
　　□　　　　□　　　　　　□　　　　　□

⑦ 自由に感想を書きましょう（今の気持ちを中心に）。

エクササイズ 2　背文字送り

ねらい　和やかな雰囲気の中で正しく文字を伝えることの難しさを知る。
対象・形態・時間　１年生（２，３年生も可）・列・10分程度
事前活動・準備するもの　例文（文字）・ワークシート
参考文献　『教師と生徒の人間づくり第２集』（瀝々社）「ことづてリレー」
事後活動・発展　感想を帰りの会までに書かせシートを集める。
　　　　　　　　　１日３問ぐらいとし数日間繰り返す。

▼活動の流れ

① 列ごとに１列に並ぶ。

② 最後尾の生徒が教師の指示した文字を見にくる。

③ 自分の席に戻り，前席の生徒の背中に文字を書き次々にリレーする。

④ 最後の生徒は伝わってきた文字を紙に書く。

⑤ 感想を書く。

▼指示・留意点

今回は列ごとに文字を伝えるエクササイズをやります。後ろの人から前の人へ背中に文字を書いて正しく伝えてください。

・言葉を発しないこと。
・２回戦，３回戦は列ごとに文字を変える。
・男女別の方が良い。

これから問題を見せます。問題を見てから最前列の人までの制限時間は１分とします。一番後ろの人は問題を見にきてください。

・次は列の順番を入れ替えても良いことを伝える。

では，伝わった文字を発表してください。

・変化した理由を考えさせる。
・正確に伝えられた列を称え，感想を聞く。

ワークシートに実施して感じたこと考えたことを書きましょう。

<河内由佳>

次ページ＝ファックス資料　→

背文字送り ワークシート

年　　組〔　　　　　　　〕

	送った文字	正　解
１回戦		
２回戦		
３回戦		

感　想

エクササイズ 3 ○○が好きな○○です

ねらい　リラックスした中で，自己紹介する。
　　　　　自分の価値観を相手に伝えることに慣れる。

対象・形態・時間　　全学年・全体・5分～10分

事前活動・準備するもの　　ワークシート・笛

事後活動・発展　　課題を変えて，時々行う。学期はじめや班替えの直後など。

▼活動の流れ

① 「○○が好きな○○です」形式の自己紹介を行う。

② 挨拶を交わした相手の好きなものと名前をシートに記入する。

③ シェアリングする。

④ 活動に関してコメントする。

▼指示・留意点

> 好きな教科を思い浮かべてください。それを自分の名前の前につけて，できるだけ多くの人と自己紹介します。準備はいいですか。

・笛の合図で始める。時間を指定（3分程度）。教室中歩き回って行うことなどを指示。
・「好きな芸能人」「好きな給食メニュー」「花」「テレビ番組」など，レディネスに応じて課題を変える。

> では，席に戻ります。何人と挨拶を交わしましたか。挨拶を交わした順番にシートに好きなものと名前を記入していきます。記憶していたかな。

・なかなか書けないものである。確認してもいいと，追加の指示をする。

> 今日の自己紹介をやって，感じたり考えたりしたことはありますか。だれか発言してください。

・2，3人に発言してもらう。
・その後感想を書き，学級便りなどで紹介する。

> 挨拶は，心と心を通わすものですが，結構何気なくやってますね。覚えていないのがその証拠です。心をこめて挨拶していこうね。

<吉澤克彦>

○○が好きな○○です。

年　　組〔　　　　　　　〕

★挨拶を交わした順番を思い出して記入しよう

好きなもの	氏名

★感想

エクササイズ 4 バースデーリング

ねらい　ジェスチャーを使ってのコミュニケーションにより，和やかに自己開示できる雰囲気をつくる。

対象・形態・時間　1年生（2，3年も可）・クラス全体・15分

参考文献　『エンカウンターで学級が変わる　ショートエクササイズ集』（図書文化社）「バースデーチェーン」

事後活動・発展　学級開き後の学活やレクレーションの初め，アトランダムなグループ分けに発展させる。

▼活動の流れ / ▼指示・留意点

① 全員で大きな輪になって並ぶ。

> これからみなさんが仲良くなるためのエクササイズをやります。初めに全員で大きな輪を一つ作ってください。

・初めに教師が簡単な自己紹介などをして雰囲気を和やかにしてから行うと良い。

② 言葉を使わずに，誕生日順に並び替えをする。

> では説明します。これから1月1日から12月31日までの誕生日順に1つの大きな輪に並び直してください。私の右を1月1日に一番近い人とします。すると私の左側には12月31日に最も近い人がくるはずです。このエクササイズをやるためには一つだけ約束してください。それは，一言もしゃべらないということです。それでは始めてください。

・緊張感を与えないように明るく話す。
・教師はその場から動かない。

③ 誕生日順になっているかどうか確かめる。

> 並べたようですね。では，確かめましょう。（右隣の人に）誕生日はいつですか？……（順番に聞いていく）

・間違っていた人は正しい場所に誘導する。
・同じ誕生月だった人からサインをもらう。

④ ワークシートを書く。

＜河内由佳＞

バースデーリング

年　　組〔　　　　　　　〕

同じ誕生月だった人からサインをもらおう

☐ 月生まれ

自分の名
_____

感想

エクササイズ 5

ハイ！

ねらい リレイションづくり。
自分がリーダーになったときの指示を考える中で責任感をもたせる。

対象・形態・時間 1年生・座席に座っている・10分

事前活動・準備するもの ワークシート

参考図書 『教育相談の手引き 第14集』（富山総合教育センター）

事後活動・発展 それぞれが考えた「ハイ！」の指示を朝の会などで，希望者に実施させる。

▼活動の流れ	▼指示・留意点
① 「ハイ」をつけたときだけ，言われた行動をとることを指示。	今日は「ハイ！」というミニエクササイズを行います。ねらいは，リラックスすることです。 やり方は簡単。「ハイ」とつけたときだけ，その後に言ったことを実行します。つけないときには，行動しないでください。 ・簡潔に説明する。
②「さあ，立ちましょう。」	「さあ，立ちましょう」 「あれ，なぜ立つんですか。」「ハイとつけましたか。つられましたね。」 ・つられて立った人に，にこやかに引っかかったことを告げる。あくまでも，場を和ますため。
③ 今度は，本番。	「では，本番です。」「ハイ，右手を挙げて。」「いいですね。降ろしてください。」 ・全員右手を挙げたのを確認して，降ろす指示を「ハイ」をつけないで指示する。 ・また引っかかったものをにこやかに指摘する。 ・続けてテンポよく2分程度行う。 ・シートに記入する。
④ 自分が指示を出す立場になったと仮定して，「ハイ！」のついた指示とつかない指示を考える。	

＜吉澤克彦＞

次ページ＝ファックス資料 →

ハイ！

　　　　　　　　　　　　　年　　　組〔　　　　　　　　〕

今度は，君がリーダーです。「ハイ！」の指示を考えよう。

①	
②	
③	
④	
⑤	
⑥	
⑦	
⑧	
⑨	
⑩	

感想

エクササイズ 6 １年後の友へ

ねらい 信頼関係を深め，自尊感情を高める。

対象・形態・時間 ３年生（１・２年生も可）・年度はじめ・クラス全体・15分
１年後の卒業式の朝を想像し，お互いに肯定的なイメージ（受験や部活動の成果など）を伝え合う。

事前活動・準備するもの ワークシート

参考図書 『エンカウンターで学級が変わる Part ３中学校編』（図書文化）同名

事後活動・発展 この活動のあと，卒業までのクラス独自のカレンダーを作ったり，学級目標を作ったりと，高揚した意識を，次に生かすこともできる。

▼活動の流れ

① 年間行事予定表で，残りの日々の予定を確認していく中で，全員を卒業式当日の気持ちに高める。

② 友達同士で，ペアを作る。お互いに「どんな１年間を過ごし，現在はどんな心境でいるか」や，感謝の言葉などを想像してワークシートに書き込み，伝え合う。

③ 組み合わせを変え，数回行う。

④ 友達からの様々な言葉を受けて，最後に自分の１年間について想像し，理想の１年間にするために努力することを書き加える。

▼指示・留意点

　年間行事予定表を配ります。１年間，どんなことがあるのか，みんなで確かめましょう。

・年間行事予定表を配布し，担任がコメントをつけながら，ひとつひとつの行事を読み上げていく。
・ＢＧＭを流しながら卒業式当日の気分に盛り上げる。

　友達同士でペアを作り，お互いに相手の１年間の歩みを想像してみましょう。

・相手の希望や思いが叶ったことを想像し，その成功を寿ぐような言葉を発するように配慮させる。好きな者同士の組み合わせなので，疎外者が出ないように注意。時間が許せば，組み合わせを変える。

　友達からの言葉は，うれしかったですね。理想の姿を実現するために，自分はこの１年間でどんなことを努力していきたいですか。

・目標を見据えて，具体的に努力することを認識させる。自分の目標から，クラス全体の目標へ。さらに卒業カレンダーの作成へと，様々に発展できる。

＜中村雅芳＞

年　組〔　　　　　　〕

1年後の友へ

_____さんは，きっとこんなすばらしい1年間を過ごしてきたはずだ。

したがって，卒業式を迎えた_____さんの気持ちは，きっと次のようだろう。

1年後の自分へ

私は，きっとこんな素晴らしい1年間を過ごしてきたはずだ。

したがって，卒業式を迎えた私の気持ちは，きっと次のようなものだろう。

そういう理想の自分になるために，私は，具体的に次のことを実行していきます。

エクササイズ 7 　他己紹介

対象・形態・時間　　1〜3年・年度はじめ・15分
事前活動・準備するもの　　ワークシート
　　　　　　　　　　　　　ワークシートの中の1「自身のよいところ」は書かせておく。
参考文献　　『教師と生徒の人間づくり第3集』（歴々社）「紹介して」
事後活動・発展　　帰りの会などで班内もしくは学級全体でワークシートに従って他己紹介をする。その上で，3「感じたこと，気づいたこと」を記入させ，回収し，どこかで発表し合う。

▼活動の流れ

① ワークシートに従って，ペアの人から聞いてメモしていく。

② 時間があったら，4人1組（男女各2）くらいで，他己紹介をする。

③ 感じたこと，気づいたことなどを書く。

▼指示・留意点

　ワークシートに従って，ペアの人にインタビューして，メモしてください。最後の印象を一言入れるところは，ペアの人から感じたよい印象（たとえば「明るそうな」など）の言葉を自分で考えて入れてください。

・同性同士がよい。
・ノーコメントも認める。
・印象一言は，よいイメージの言葉に限る。思い浮かばなければ書かなくてよい。

　前後のペアと4人1組になって互いに他己紹介をし合ってください。

・前の右の人からなどと最初の人，そして発表する順番を指定すると時間短縮になる。

　感じたこと，気づいたことなど何でもよいので書いてください。

・ゆっくり書かせたいので，別の時間でよい。

<柳修二>

他己紹介

年　組〔　　　　　　　〕

1　自身のよいところ

2　友だち紹介
　　私のとなりにいる人を紹介します。

氏名（　　　　　　　　　）学校名（　　　　　　　　　）学年（　　　年）

生年月日（　　　　年　　月　　日）年齢（　　歳）星座（　　座）血液型（　　型）

●好きな食べ物は，（　　　　　　　　　　　　　　　　　　　　　　　　　　　　）
　その理由は，（　　　　　　　　　　　　　　　　　　　　　　　　　　　　　　）
●嫌いな食べ物は，（　　　　　　　　　　　　　　　　　　　　　　　　　　　　）
　その理由は，（　　　　　　　　　　　　　　　　　　　　　　　　　　　　　　）
●好きな色は，（　　　　　　　　　　　　　　　　　　　　　　　　　　　　　　）
　その理由は，（　　　　　　　　　　　　　　　　　　　　　　　　　　　　　　）
●好きなことは，（　　　　　　　　　　　　　　　　　　　　　　　　　　　　　）
　その理由は，（　　　　　　　　　　　　　　　　　　　　　　　　　　　　　　）
●自身のよいと思うところは，（　　　　　　　　　　　　　　　　　　　　　　　）
　その理由は，（　　　　　　　　　　　　　　　　　　　　　　　　　　　　　　）
●よくないと思うところは，（　　　　　　　　　　　　　　　　　　　　　　　　）
　その理由は，（　　　　　　　　　　　　　　　　　　　　　　　　　　　　　　）

こんな（　　　　　　　　　　　　　　　　　　）な（　　　　）さんです・君です。
　　　　　　　　　　　　　↑
　　　　　　　　　印象を一言で入れる

3　感じたこと，気づいたことなど

エクササイズ 8

ゲス・フー 5対5

ねらい お互いのことをよく知らない者同士が，相互理解と親近感を深める。

対象・形態・時間 全学年・年度はじめ・5人グループ単位・15分

事前活動・準備するもの ワークシート

事後活動・発展 問題と，それに対する答えを一覧表にまとめ，学級掲示や学級だよりなどで紹介。

▼**活動の流れ**

① お互いによく知らない者同士で5人組を作り，さらによく知らないチーム同士で組み合わせを作る。

② それぞれのチームで，相手の人間性が表れるようなクイズを数問作る。

③ 順番にクイズを出し合い，そのクイズの答えをだれが書いたのか相手に悟られないようにワークシートにまとめる。

④ ワークシートを交換し合い，だれが答えを書いたのか予想する。

⑤ 種明かしをし，正解した人数で勝敗を決する。

▼**指示・留意点**

お互いによく知らない者同士で5人組を作ってみましょう。さらに，対戦チームを決めましょう。

・名簿順で機械的に割り振ってもよい。クラスの実態を考慮して，組み合わせの段階で無理をしない。

それぞれのチームで，相手の人間性が表れるようなクイズを数問作ってみましょう。

・例えば「道で100万円を拾いました。さて，どうしますか？」「どこでもドアを手に入れました。どこに行きますか？」など，いろいろな答えが期待できるクイズがよい。

クイズをお互いに出し合い，その答えが相手から悟られないようにまとめましょう。

だれがどの答えを書いたのか，予想してみましょう。さて，何人正解できるでしょうか？

<中村雅芳>

次ページ＝ファックス資料 →

Guess Who? 5対5

年　組〔　　　　　　　　〕

班名		班員					
問題							
答え						Who?	
						Who?	
						Who?	
						Who?	
						Who?	

5人：チームとしてのまとまり，人をみる目，すごい！
3人：すばらしい。勘がいいチームです。
2人：なかなかやりますね。人をみる目があります。
1人：かなりだまされましたね。人は見かけによらないのです。
0人：意外な面にも驚いたでしょう？お互い，もっと知り合いましょう。

正解人数
人

エクササイズ 9 リラックス肩たたき

ねらい　　スキンシップを与える体験と受け入れる体験
対象・形態・時間　　全学年・ペアになって・10分
事前活動・準備するもの　　ワークシート・笛
参考図書　　『エンカウンター』(誠信書房)「マッサージ」
事後活動・発展　　バースデーリング(1—4)で円になった後などに行う。クラス全体で隣の人を肩たたきする。また，手をつなぎ合ったり，肩に手を置いたりして他己紹介(1—7)する。

▼活動の流れ

① 肩たたきの説明。

② 活動最中に意義について話す。
好意を受け取るのを負担に感じる者もいる。受け入れられているという体験の少ない生徒に多い。
今後の活動で，感情交流を拒否する姿勢をほぐしていく方法を考える必要がある。

③ シェアリングする。

▼指示・留意点

お父さんお母さん，おじいちゃんおばあちゃんに肩たたきしたことはありますか。
今日はペアで肩たたきをし合ってもらいます。

・1分交代で行うこと。たたくだけでなく，肩もみでもいいこと。相手に気持ちよくなってもらおうという気持ちを表しながら行うことなどを指示。
・ペアは同性同士が望ましい。奇数の場合は，教師と行ったり，3人組を作ったりする。
・肩たたきを嫌がる生徒もいるので，見学を許す。

肩たたきは，友だちの好意を肩を通してもらっているのです。気分が良くなったら，お礼を言いましょう。好意を伝えるのも大切。そして，素直に受けることも大切なのです。では，交代してください。

・母親がこたつに入り，子どもを抱っこしながら語るような雰囲気が出せればいい。しっとりと語るわけである。

どんな気持ちでしたか。話してみてください。

・2，3人に聞く。

＜吉澤克彦＞

次ページ＝ファックス資料　→

リラックス肩たたき

年　　組〔　　　　　　　〕

肩をたたいたときの感じ

肩をたたかれたときの感じ

全体の感想

エクササイズ 10

名刺交換

ねらい　自己肯定感を高める。他者受容を促進する。
対象・形態・時間　全学年・年度はじめや新学期・小グループ・15分×2
事前活動・準備するもの　ワークシート
　　　　　　　　　　シートを記入する場面：できれば一斉に落ち着いた時間に記入
　　　　　　　　　　させたい。BGMなどを用意する工夫も大切である。（朝の会など
　　　　　　　　　　が2回分とれない場合は、家で記入も可能。）
参考図書　『教師と生徒の人間づくり第1集』（瀝々社）「身分証明書」
事後活動・発展　学級だよりに紹介したり、掲示する（生徒に前もってその旨を連絡し、了
　　　　　　　　　解を得ておく）。

▼活動の流れ

① 自分自身のことを見つめ、ワークシートの「私は」の後ろに自分自身について記入。
（1回目）

② 音楽に合わせて教室を歩き、出会った人と挨拶を交わして、名刺交換する。

③ 席に着き、名刺交換をしたとき感じたことや考えたことを話し合う。
（2回目）

▼指示・留意点

　今日は、少しの時間、自分自身を見つめてみましょう。落ち着いて自分とは何かを考えます。

・学級の係りや出身小学校など、だれもがすぐ書ける項目を共通に設定すると書きやすくなる。

　先回書いたワークシートを使って、名刺交換のゲームを行います。教室の中を歩きながら挨拶をしてお互いの名刺を読みましょう。

・時間の指定（5分〜10分）を行い、書いてある内容を茶化したりしないよう注意を行った後実施する。
・1分おきぐらいにメンバーチェンジするように促すなどの工夫が必要な場合もある。

　時間です。席に戻ります。それでは周りの人と感じたことや考えたことを話し合ってください。

・話し合いの代わりに、ワークシートの感想欄を書かせてもよい。それを学級だよりで紹介するのもよい。

＜吉澤克彦＞

名刺交換シート

年　組〔　　　　　〕

例　私は　　さびしがりや　　　　　　　　　　　です

① 私は　　　　　　　　　　　　　　　　　　　　です

② 私は　　　　　　　　　　　　　　　　　　　　です

③ 私は　　　　　　　　　　　　　　　　　　　　です

④ 私は　　　　　　　　　　　　　　　　　　　　です

⑤ 私は　　　　　　　　　　　　　　　　　　　　です

⑥ 私は　　　　　　　　　　　　　　　　　　　　です

⑦ 私は　　　　　　　　　　　　　　　　　　　　です

活動を終えて

第2章 対話を楽しく
★コミュニケーションのエンカウンター

① ミラーゲーム　　ペアになり，相手の行動をまねる
② 気持ち合わせて１２３　　相手の心を読みながら行動をする
③ 人間関係チェック　　人間関係尺度を使用して人間関係を考える
④ 一方通行　　ある図形を言葉だけで説明して書かせる（質問厳禁）
⑤ 言葉から形へ　　絵を言葉だけで説明して同じものを書かせる（質問あり）
⑥ 心をそろえて　　周囲の状況を判断し，心をそろえて手を挙げる行動をとる
⑦ Who am I?　　名前を伏せて隣の人を紹介する語を３つ書き，だれかを当てる
⑧ 南極探検へ行こう　　南極探検に何を持っていくのかの順序性を個人と班で考える
⑨ ダジャリレー　　１つのお題をもとに，みんなでいろいろなダジャレを作る
⑩ みんなから一言　　言われて気持ちいい言葉をみんなから言ってもらう

エクササイズ 1　ミラーゲーム

ねらい　他者への関心を高める。
　　　　　他者を受け入れる体験をする。
対象・形態・時間　　1年生・学級全体からペアへ・15分
事前活動・準備するもの　　ワークシート
参考図書　『教師と生徒の人間づくり第1集・第2集』（瀝々社）「鏡になる」
事後活動・発展　テーマを決めて実施する。
　　　　　　　　　ロールプレーやサイコドラマの演技に対する抵抗を軽減させるために導入として行う。

▼活動の流れ

① 教師のまねをする。

② リーダーのまねをする。

③ ペアの相手のまねをする。

④ 感想記入。

▼指示・留意点

> 今日は，相手のまねをするミラーゲームを行います。集中できないとまねできません。相手への関心と集中力を高めたいですね。
> まず，私のまねをしてください。

・ねらいを含めて，インストラクションする。

> だれか，先生の代わりにやってくれる人はいませんか。はい，お願します。

・ふざけた動作をしないように注意してから開始する。
・やりたがらない生徒のそばへ行って，「やれそうにないの？」と，声をかける。無理強いしない。

> では，2人組を作ってください。
> ペア同士で，30秒ずつ交代でやります。どちらが先にやるか決めて下さい。

・同性同士の方がいいようである。

> では，今日やった4回分の感想をシートに一言ずつ書いてください。

<吉澤克彦>

ミラーゲーム

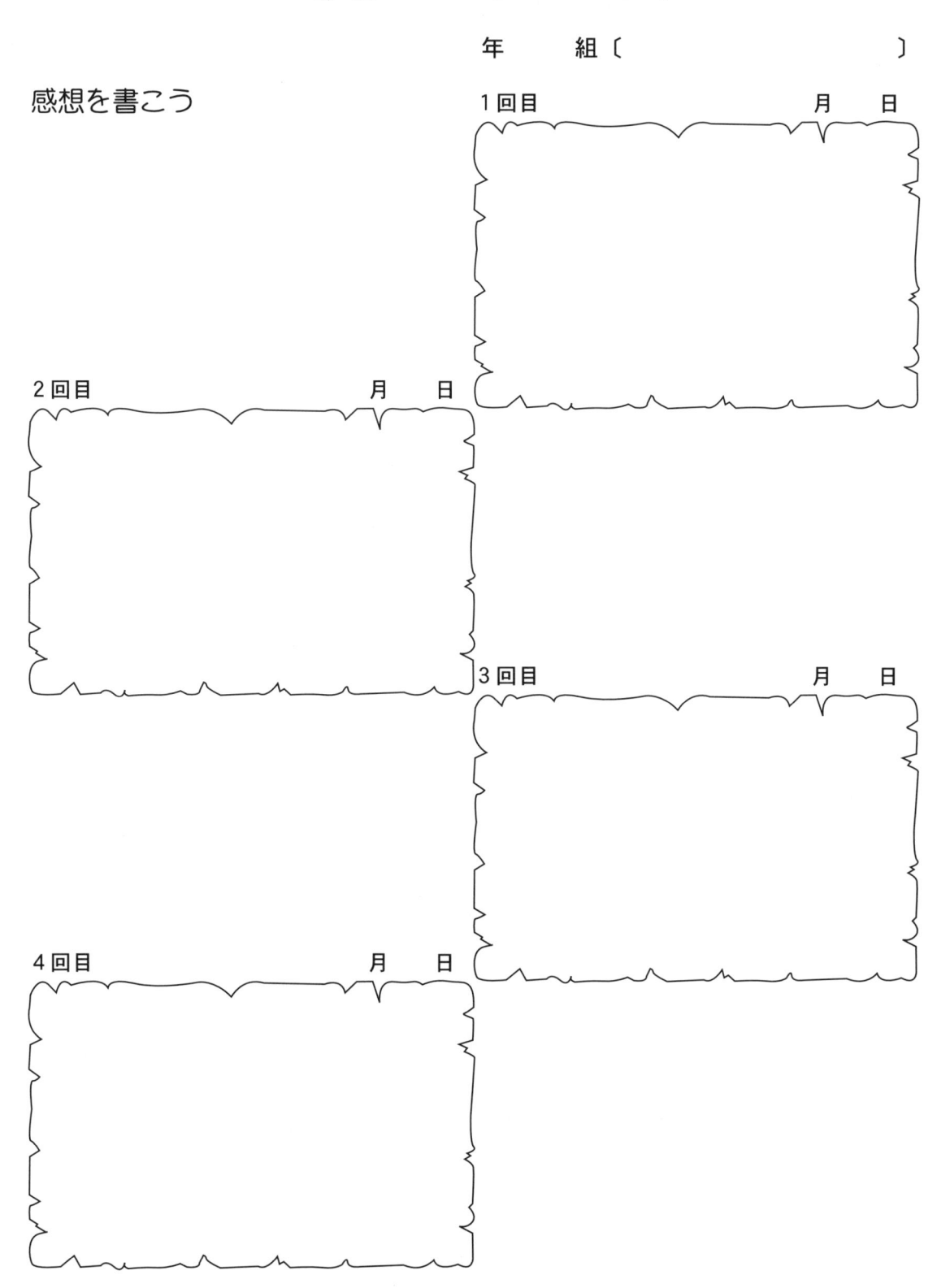

年　　組〔　　　　　　　〕

感想を書こう

1回目　　　　　　　月　　日

2回目　　　　　　　月　　日

3回目　　　　　　　月　　日

4回目　　　　　　　月　　日

エクササイズ 2　気持ち合わせて１２３

ねらい　　クラスが団結するとはどういうことかを実感し，活動への意欲をもつ。

対象・形態・時間　　全学年・２学期はじめ・班単位・15分×２

事前活動・準備するもの　　ワークシート
　　　　　　　　　　　　　　クラスの団結が試される体育大会・文化祭・合唱コンクールなどが行われる２学期はじめに行う。

参考図書　　「課外授業ようこそ先輩③」（ＮＨＫ「課外授業ようこそ先輩」制作グループ編）「野田秀樹『勇気』は体の中にある（H.10.5.28放送）」（ＫＴＣ中央出版）99.5.12より，演劇の野田流ワークショップを，授業用に一部改めた。

事後活動・発展　　感想を帰りの会までに書かせ，シートを集める。学級だよりで紹介。

▼活動の流れ

① 「打ち合わせや話をせず」「目配せや手などで合図もせずに」教師の開始の合図を受けて，班ごとに１人→２人→３人→２人→１人と連続して動いていく。１人が動くべき時に３人が同時に動いたり，３人動くべき時に，１人しか動かなかったような場合は，最初からやり直しとなる。

② 教師が黒板に書いた字（例えば，「力」「心」など）を「打ち合わせや話をせず」「目配せや手などで合図もせずに」班員全員で人文字を作る。

▼指示・留意点

　ルールを守り，班員全員で，指示通りに動いてみましょう。

・不正がないように注意する。一般的に，少なくても10回以上，試さなくては成功しないほど難易度が高い。

　達成できた班，達成できなかった班，それぞれどこが難しかったですか。ワークシートにまとめてみましょう。

・達成できなくても，落ち込んだり，責任を追及したりしないように注意。むしろ，できない方が普通。

　動くべきか，動かないべきか，班員の心や思いを様々に想像したでしょう。この心の動きこそが，「協力」なのです。

・「協力」という言葉に実感を伴わせることが大切。
・時間に余裕があれば，②のエクササイズも有効。

バラバラに立ってスタートする。合図を受けて，その人数が同時に動き，同時に止まる。

〈中村雅芳〉

次ページ＝ファックス資料　→

気持ち合わせて１２３

年　　組〔　　　　　　　〕

＊次の基本ルールを必ず守りましょう！
1　事前に打ち合わせをしない。
2　声を出さない。
3　ジェスチャーや体の動きなどで行動を示さない。

＊エクササイズ①　動き方のルールは次のとおりです。
1　1人だけ動いて止まる。
2　2人同時に動いて，同時に止まる。
3　3人同時に動いて，同時に止まる。
4　2→1の順番に動いて，全員が静止する。

さて，何度の挑戦で達成できるでしょうか？

＊エクササイズ②　動き方のルールは次のとおりです。
1　先生が黒板に1文字を書きます。
2　その文字を，みんなの動きで人文字として創り上げましょう。

1　エクササイズを経験して，感じたことを書いてみましょう。

2　「協力」とは何でしょうか？自分の言葉でまとめてみましょう。

エクササイズ 3 人間関係チェック

ねらい　人間関係づくりができているかどうかを調査し，自分を振り返る。

対象・形態・時間　全学年・個別・15分（定期的に調査して記録する）

事前活動・準備するもの　人間関係尺度シート

　　　人間関係尺度をただの調査として実施するのではなく，ミニエクササイズとして仕立てて，取り組みやすいようにしたもの。

参考図書　『カウンセリング学会大会論文集』1987年（日本カウンセリング学会）「人間関係チェックリスト」（國分康孝）

事後活動・発展　項目ごとに折れ線グラフを作り，1年間保管する。
　　　実施学級の平均ポイントの変化を調査する。
　　　ＳＧＥを実施した学級と実施しない学級を比較検討する。

▼活動の流れ　　　　▼指示・留意点

① 人間関係尺度の調査を行う。

> これから，「今日の気持ちは？」というアンケート調査を行います。6項目を回答してください。

・特に項目の解説はしない。
・自分を振り返って正直に回答させる。
・実施の意味を話さなければいけない場合は，上記のねらいの文面を実態に合わせて話す。

② 「人間関係チェック」シートに記述する。

> それでは，アンケートの下のグラフを書きましょう。各項目の意味するところが解説されています。

・左から5，4，3，2，1となることを話す。
・何回か実施することを話す。

③ シェアリング。

> やってみて，気づいたことや感じたこと考えたことはありますか。

＜吉澤克彦＞

人間関係チェック

年　　組〔　　　　　　　〕

◇人間関係尺度◇
今日の気持ちは？
判断の尺度

あてはまるところに○をつけて下さい。

1 そうである
2 ややそうである
3 どちらでもない
4 ややそうである
5 そうである

今日，朝学校へ来てから今までの気持ちで答えましょう。

		1	2	3	4	5	
1	他人の目を見てよく会話をしていた						人の目を見れず伏し目がちであった
2	状況にあった話や行動をしていた						不適切な話や言動があった
3	自信のある態度であった						おどおどして不安げであった
4	人の話に関心をもって聞いていた						人の話に関心をもてなかった
5	表情が豊かで明るかった						暗くかたい表情であった
6	心を開いてみんなと接していた						人と距離を置いて接していた

◆人間関係尺度を折れ線グラフにします。（5回調査分）

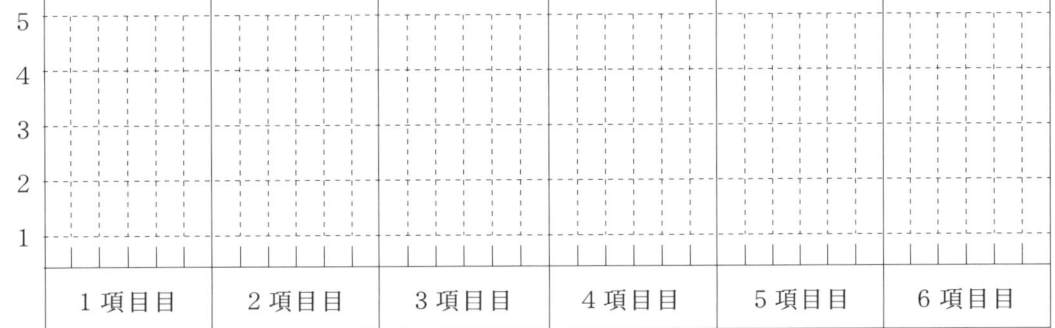

	1項目	2項目	3項目	4項目	5項目	6項目
5						
4						
3						
2						
1						

項目の解説

◆1項目◆
しっかり自分の思いや考えを伝えられる人は高くなります。
◆2項目◆
周囲の状況を的確に判断し，とるべき言動を選択できる人は高くなります。
◆3項目◆
自分自身を受け入れ，自分らしく人と接することができる人は高くなります。
◆4項目◆
相手のことを受け入れ，理解しようとしている人は高くなります。
◆5項目◆
喜びの心や感動する心が豊かな人は高くなります。
◆6項目◆
他者を信頼して行動できる人は高くなります。

エクササイズ 4 一方通行

ねらい 一方的な説明では意図が伝わらないことを実感する。
対象・形態・時間 1～3年生・5月頃・クラス全体・15分
事前活動・準備するもの 図形が描いてある厚紙・ワークシート（2-5に同じ）
参考文献 『教師と生徒の人間づくり第2集』（瀝々社）「コトバからカタチへ」
事後活動・発展 後日，話し合い活動をする前に感想を紹介し，重要な点を意識させながら進めていく。

▼活動の流れ

① 学級の生徒一人が厚紙にある絵を口頭で説明する。他の生徒は聞いたようにシートに絵を描く。

② 生徒が描いた絵がどの程度厚紙の絵と合っているか確認する。

③ 簡単なシェアリングを行う。

▼指示・留意点

シートを配ります。○○君（さん）が説明した通りに枠の中に絵を描いてください。

- 説明する生徒のジェスチャー，絵を描く生徒の聞き返しは一切せず，説明する生徒の一方的な伝達に終始する。
- 絵は単純なものがよい。

これから描いた絵がどの程度厚紙の絵と合っているか確認します。

- 説明した生徒は厚紙の絵を見せながら教室を回る。
- なるべく多くの生徒に，それぞれの絵でよく描けた部分を指摘してやる。

今日のエクササイズをやってみての感想を言ってみてください。

- 何人かの生徒は感想を述べる。その際「難しい」，「よくわからなかった」という感想が多く出ると予想されるが，生徒が次の時間に意欲がもてるように教師は「(でも)○○君は△△の部分がよく描けていたよ」というようなことを言ってあげる。
- シェアリングの中で「ジェスチャーが必要だ」とか「聞き返したい」という意見が出れば理想的だが，出なければ次の時間の最初に教師がそのことを指摘してあげるとよい。

＜西片宣明＞

図形の例 1

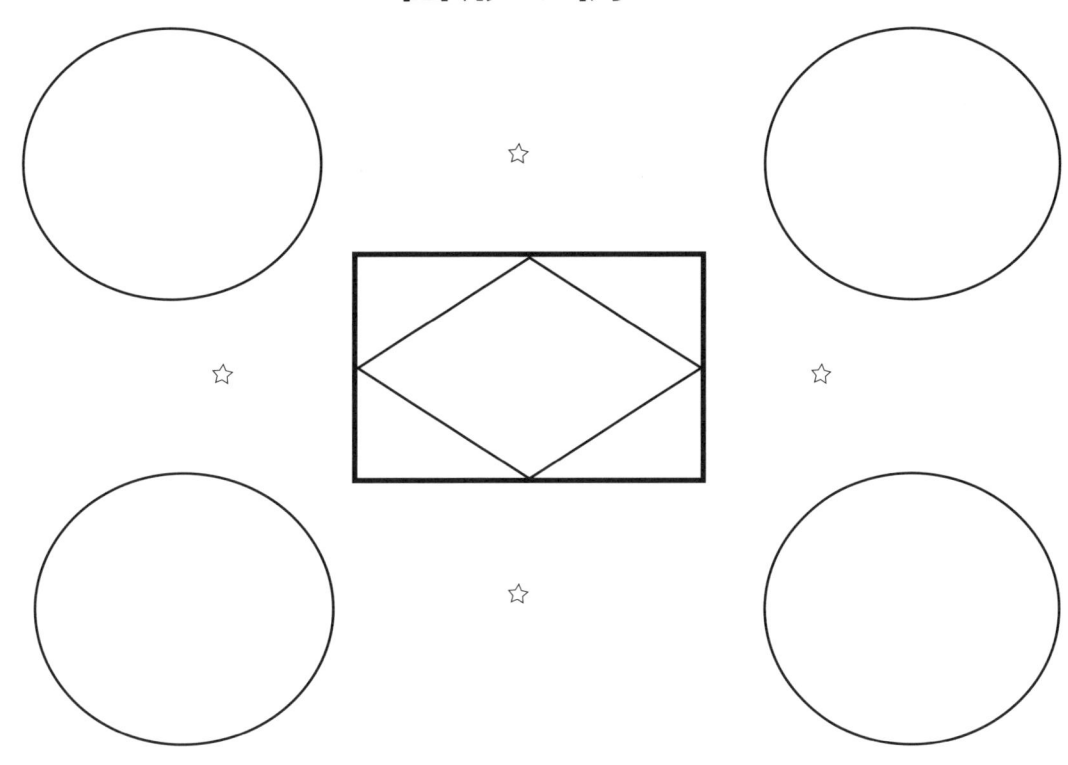

図形の例 2

エクササイズ 5 言葉から形へ

ねらい 説明を聞き，不明なところを質問することで円滑なコミュニケーションが成立することを体験する。

対象・形態・時間 1～3年生・5月頃・班・15分

事前活動・準備するもの 絵が書いてある厚紙・ワークシート

参考文献 『教師と生徒の人間づくり第3集』（歴々社）「傾聴する」

事後活動・発展 相互コミュニケーションがお互いを理解するために大切であることを，道徳や話し合い活動の場面で確認する。

▼活動の流れ	▼指示・留意点

① 絵を見せず，言葉による説明だけで同じ絵を作る。伝わりやすいように聞き返しやジェスチャーを入れるように指示して絵を描いていく。（班の形になって班ごとに行う）

> 絵を見せず言葉の説明だけで同じ絵を作ります。よく伝わるようにジェスチャーを入れたり，聞き返したりしてください。今回は班ごとに行います。

・教師は机間巡視をして，うまく伝わるように助言をしてあげる。
・2－4を実施していればその時との違いを強調する。

② 生徒が描いた絵がどの程度厚紙の絵と合っているか確認する。

> これから描いた絵がどの程度厚紙の絵と合っているか確認します。

・よく描けた部分を指摘してあげる。

③ 簡単なシェアリングを行う。

> どんな感想をもちましたか？また，シートの下の評価を2つ書いてください。

・感想を述べ合うかシートを回収して教師が感想を伝える。

＜西片宣明＞

言葉から形へシート

年　　組〔　　　　　　　〕

下の枠の中に絵を描きましょう。

▼絵を描いてみての感想

_____

_____

_____

_____

_____

▼絵を描いてみての感想

_____

_____

_____

_____

_____

▼エクササイズを振り返って

①他の人の気持ちを考えながらエクササイズをしましたか？

とても　　　だいたい　　　あまり　　　できなかった

②絵がうまく伝わるように（聞き取れるように）考えながらエクササイズをしましたか？

とても　　　だいたい　　　あまり　　　できなかった

エクササイズ 6 心をそろえて

ねらい お互いの気持ちを伝えるためには言葉以外に表情や相手の目を見ることも大切だということに気づく。

対象・形態・時間 1年生（2，3年生も可）・班・15分

事前活動・準備するもの 笛・ワークシート

参考文献 『教師と生徒の人間づくり第2集』（瀝々社）「ことづてリレー」

事後活動・発展 伝言ゲーム（3-6）や背文字送り（1-2）を行った後実施すると効果的。
感想を帰りの会までに書かせシートを集める。

▼活動の流れ	▼指示・留意点
① 机を班ごとに向かい合わせる。	机を班の形にしてください。
② 教師の言う「数」と班員の手の挙がる数が一致するように競う。	これからある数を言います。その数と同じ数だけ手を挙げてもらいます。言葉で打ち合わせはしないでください。数を言ったら3秒以内に班長のかけ声で手を挙げてください。 ・慣れないうちは1班ずつ出題する。 ・誤差を記入させる。
③ なぜ成功したのか，（不成功だったのか）を話し合う。	誤差を発表してください。（誤差の少ない班に）はい，拍手。どうして誤差が少なかったのか，どんなことに心がけたのか少し教えてください。 ・感想を聞いても良い。
④ クラス全員で10回やる。数を示した後，10秒後に笛を吹いて，手を挙げる。	クラス全員でやってみます。周りをよく見て心をそろえて手を挙げるかどうか決めましょう。では始めます。 ・クラス数の半数程度から始めて，1つずつ上げていく。最後はクラス数と同数を示す。

＜河内由佳＞

●○● 心をそろえて ●○●

年　　組〔　　　　　　　〕

班

回　数	1	2	3	4	5	6	7	8	9	10
誤　差										

回　数	11	12	13	14	15	16	17	18	19	20
誤　差										

感想

クラス

回　数	1	2	3	4	5	6	7	8	9	10
成　否										

感想

エクササイズ 7　Who am I?

ねらい　その人に関するヒントから，名前を当てる活動を通して，仲間のよさや意外な面に気づく。

対象・形態・時間　全学年・クラス全体・15分

事前活動・準備するもの　ワークシート

事後活動・発展　学級だよりなどで，人物紹介する。

▼活動の流れ

① 紙に，自分の席の隣の人を表わす，3つのキーフレイズを書く。（隣の人の名前も書く〔答え〕）

② 紙を裏返しにして回収する。

③ 教師からの3つのヒントを聞き，だれのことを言っているのか考え，わかったら挙手して答える。

④ そのヒントを書いた生徒は，3つのキーフレイズを書いた根拠を具体的に述べる。

▼指示・留意点

紙を配ります。あなたの隣の人の特徴を表わすことのできる3つの言葉（句，文）を書いてください。

・3つの言葉は，句・文でもO.K.。
・そのように書いた理由も言えるように付け加える。

紙を裏返しにして下さい。後ろの人は，書いてある部分を見ないで集めてください。

・3つの言葉の最後には，答えとして隣の人の名前も書く。

私はだれですか。ヒント1〜，ヒント2………，ヒント3………。わかったら挙手して答えてください。

・列対抗か班対抗のゲームにするとよい。
・3つのヒントで当たらなければ，教師がボーナスヒントを出す。

3つの言葉の具体的な事実を書いてくれた〜さん，紹介してください。

・書かれた生徒から感想を聞いてもよい。

<本間　昇>

Who am I?

年　組〔　　　　　　　　〕

ヒント1

ヒント2

ヒント3

ヒント4

ヒント5

正　解

エクササイズ 8　南極体験へ行こう

ねらい
・自分と違う立場や考え方，感じ方を知り，尊重する大切さを知る。
・相手の意見を尊重しつつ，自分の意見を言おうとする態度を培う。

対象・形態・時間　小学校高学年以上・グループ（4〜6人）・20分程度×2，個人，グループの順

事前活動　表中の項目をどの順番で南極に持っていくか自分の意見を書いてくる。

準備するもの　ワークシート

事後活動　㋐と㋑を比較し，㋐の差が，㋑の差より少なければ，「リーダー性」をもっと発揮すべきであると評価する。もしその逆ならば，この集団はその生徒のリーダー性を養うには良い場であると評価し，意欲づけを図る。

▼活動の流れ

① 南極に何をどの順番で持っていくか個人レベルで回答とその理由を確認する。

② 各班で持っていく順番を話し合う。

③ 何をどの順番で持っていくか班内の共通の答えとその理由を確認し，自分の紙に記入する。

④ 正解と個人回答との誤差を出す。正解と班回答との誤差を出す。二つの合計を比較する。

＊「活動シート」の「正解」
番号順に，上から 8，12，4，9，14，1，7，2，11，5，6，3，13，10。

▼指示・留意点

> 南極に何をどの順番で持っていくか個人の回答とその理由を確認しましょう。

・事前に準備した個人回答を確認する。
・クイズ形式にすることで回答に対する意欲を増す。

> グループごとに話し合いましょう。

・班長（司会者）に，話し合いのルールを確認させる。
・発言者は一人。
・みんなに意見を言う場は保証する。
・結論を先，理由を後。

> 班内で共通理解が図られた項目から「活動シート」に記入しましょう。

・班内で決まったもののまだ納得がいかないで，暗い顔の生徒を見取る。
・多数決等で一旦決まったことは蒸し返さないことは原則だが，自分の答えは消さずに残しておく。

> 今日の活動について振り返りましょう。

・正解を「活動シート」に記入する。
・正解と個人回答の誤差の合計㋐を記入する。
・正解と班回答の誤差の合計㋑を記入する。
・㋐と㋑を比較し，振り返りシートをに記入する。

＜津村誠＞

南極体験

年　　組〔　　　　　　　　〕

	項目	個人回答(ア)	班の回答(イ)	正解(ウ)	(ア)と(ウ)の差	(イ)と(ウ)の差
1	小屋を作る材料					
2	カラフト犬					
3	発電機					
4	観測，調査機材					
5	トランプ					
6	燃料					
7	お医者さん					
8	食料					
9	犬ぞり					
10	送受信機					
11	隊長以下4名					
12	防寒具					
13	調理師					
14	隊員11名					
				合計		

＜振り返り＞

① (ア)と(ウ)の差の合計と(イ)と(ウ)の差の合計は，どちらが大きかったですか。　□＞□　同じ場合□＝□

② 自分の属する集団が自分の意見と違うことが分かったら，あなたは何を大切にしてその集団に働きかけますか。

③ 今日の授業の感想を自由に書いてください。

エクササイズ 9 ダジャリレー

ねらい 班員の連帯感と親近感を深める。

対象・形態・時間 全学年・年度はじめ・班対抗・10分

事前活動・準備するもの ワークシート

事後活動・発展 できたダジャレを学級だよりや学級掲示で紹介。お互いのダジャレに，ほほえみ合う。

▼活動の流れ

① 教師が，ダジャレの題材になりそうで，身近なものを各班に提示する（文房具やスポーツ用品など）。

ダジャレ例
・バットの使い方はｂａｔ。
・ほうきする？いや放棄する。（清掃時）
・このカッターどこで買った。
・（マラソン）ピッチを上げろ。はい（ＰＨＳを挙げる）。

② 班対抗戦とするので，ダジャレを言う班の順番を決める。
③ 教師の合図で，順番にダジャレをリレーし始める。
④ ダジャレが途中で言えなくなったら負けとなる。どんなに苦しくても，とにかく言葉に表す。
⑤ 心に残ったダジャレをワークシートに。

▼指示・留意点

> これから，私が示す題材でダジャレを作ってもらいます。共通性はありますが，班ごとに違うものなので配られたら，すぐにダジャレを考え始めて下さい。

・どんなくだらないダジャレでもよいことを強調する。できれば，教師が率先して，くだらないダジャレを例示する。

> 班対抗で，ダジャレのリレーを行います。〇班から〇班の順番に，1人が1つのダジャレを順番に言っていって下さい。途切れたら，その班は負けになります。

・手拍子などで，リズミカルに行う。言葉が詰まった人に，周囲が手助けしても容認する。

> どうでしたか？ 今の気持ちをワークシートに率直に書きましょう。また，心に残ったダジャレもいくつか書いてみましょう。

・普段の生活ノートや朝の会，帰りの会でも教師が率先してダジャレを言う。（教師自身のＦＣ（子ども心）の発揮が学級を明るい雰囲気にする）

＜中村雅芳＞

ダジャリレー

年　　組〔　　　　　　　〕

1　自分の班では，いくつのダジャレがつながりましたか？
　　自分の言ったダジャレを書き出してみましょう。

2　クラス全体では，いくつのダジャレが出されましたか？先生に聞いてみましょう。

3　ダジャリレーをやった感想はどうですか？

4　心に残ったダジャレは何ですか？

5　我がクラスのＭＶＤ（Most Valuable Dajalist）はだれだと思いますか？

エクササイズ 10 みんなから一言

ねらい　気持ちを明るくする体験をして，自他のかかわりを考える。

対象・形態・時間　1～3年・班単位（5～7名ぐらいで）・15分

事前活動・準備するもの　感想を書かせる紙。人から言われて気持ちがよくなるような言葉を2つ考えさせ，1番・2番と順位もつけて配布した紙に書かせ，集めておく。（人に発表することを事前に断っておく。教師から2，3例を紹介し，あまり長い言葉にならないようにする。）

事後活動・発展　集めた感想を後で教師の方でランダムに匿名で発表する。

▼活動の流れ	▼指示・留意点
① 前もって書かせておいた紙を戻す。班ごとに机を合わせる。	班ごとに机を合わせてください。
② まず班長が考えた言葉を1つ発表する。他の人は，1人ずつその言葉を班長に向かって言う。班長から時計回りに全員について行う。	その人を見て，なるべく気持ちを込めて言うようにしましょう。 ・紙を回して書いてある言葉を言うという形でもよい。 ・2つ目の言葉に移る時に，「もっと気持ちを込めて」とか，「恥ずかしがらずに相手を見て」などの指示を再度与える。
③ 2つ目の言葉について上記を繰り返す。	
④ 1番としておいた言葉をその人に向かって今度は全員で声をそろえて言う。（班長から時計回りに全員について行う）	誰かが「セイノ」などとかけ声を入れると声がそろいやすいですよ。
⑤ 感想を書かせ，集める。	感じたことや気づいたことを書いてください。

＜柳修二＞

みんなから一言

年　　組〔　　　　　　　　〕

◎人から言われて気持ちがよいと思う言葉を2つ考えよう。

感じたこと考えたこと

ミニエスササイズの評価（当てはまる方に〇をつけてください）

1　楽しかったですか。　　　　　　　　　　　　　　はい・いいえ

2　本当に言ってほしい言葉を書けましたか。　　　　はい・いいえ

3　言われて気持ちよかったですか。　　　　　　　　はい・いいえ

4　言っているときは気持ちよかったですか。　　　　はい・いいえ

5　またやりたいですか。　　　　　　　　　　　　　はい・いいえ

第3章 集団を楽しく

★クラスマネジメントのエンカウンター

① トラストアクション　　相手を信頼し、気持ちを一つにして動作するゲーム

② ブレストゲーム　　ブレーンストーミングでアイデアを出し合う

③ 理想のクラスを絵に　　理想のクラス像をみんなで1枚の絵に仕上げる

④ 即興劇　だれもが名優　　与えられたテーマをもとに即興で劇を創る

⑤ すごろくトーク　　双六盤の目に止まったら、その指示に従い班で発表する

⑥ ジェスチャー伝言ゲーム　　ある単語や短文を列ごとにリレーする

⑦ リレー物語　　楽しい物語を共同制作し、グループの連帯感を深める

⑧ 私の好きなクラス　　クラスの1年間の思い出を確かめ合ってきずなを深める

⑨ You are great！　　You are great！とたたえ合いWe are friends！となろう

⑩ Good Luck 祈り込めて　　友達の合格を祈ってお守りをお互いに作り合う

エクササイズ 1 トラストアクション

ねらい お互い心を一つにする体験を通して，信頼感を培う。

対象・形態・時間 全学年・ペアから8人程度まで・15分

事前活動・準備するもの ワークシート・笛

参考図書 『エンカウンターで学級が変わるショートエクササイズ集』（図書文化社）「トラストアップ」

事後活動・発展 協力や信頼体験を補完する意味で，ブラインドウォークや班で協力するグループワークを行う。
合唱祭などのメンバーの協力が必要な行事の導入に使う。

▼活動の流れ

① 一本締め。三三七拍子。

② ペアで立ち上がる。座る。

③ 4人組で立ち上がる。座る。

④ 感想を書く。

▼指示・留意点

今日は，気持ちをそろえる心地よさや協力する大切さを体験してもらうために，簡単なゲームをします。最初は一本締め。「せーの」のかけ声で，手を打ちます。次に三三七拍子。笛にそろえて行います。

・簡単にできることからスタートする。

次に，ペアで，足の裏をくっつけて座り，両手を握って「せーの」で立ち上がり，そして座ります。

・言葉の説明よりも，代表を出してデモンストレーションする方が理解されやすい。

・次は4人で，輪になってやってみましょう。

・4人ができるようならば，8人でも行う。
・ふざけて，手を離したりすると危ないので，きちんと注意してから始める。
・うまくいかないときは，4人で相談させる。

・ワークシートに感想を書いてください。

＜吉澤克彦＞

トラストアクション

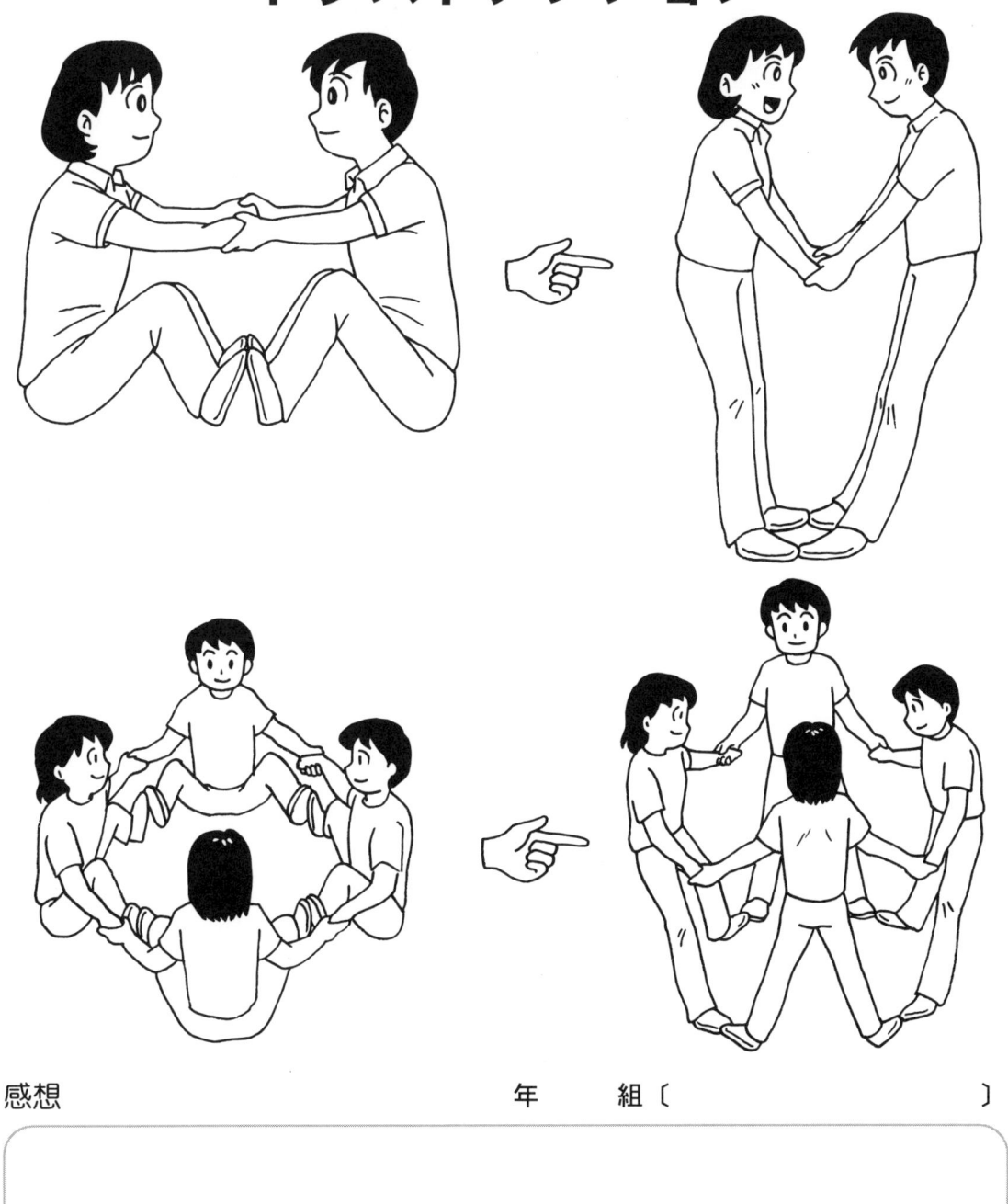

感想　　　　　　　　　　　　年　　組〔　　　　　　　　〕

エクササイズ 2 ブレストゲーム

ねらい　ブレーンストーミングの話し合いに慣れる。
　　　　　言葉を使わずに感情交流することで，人間関係を親密にする。

対象・形態・時間　全学年・班・15分

事前活動・準備するもの　ブレインストーミングのルールを書いた掲示物
　　　　　　　　　　　　　ワークシート・課題により小道具（新聞紙とかペットボトルなど）

参考図書　『教師と生徒の人間づくり第4集』（歴々社）「ブレインストーミング」

事後活動・発展　アイデアを今後学級の取り組みとして実行に移す。
　　　　　　　　　ブレストは，学級目標を考える話し合いや月間目標を考える話し合いなどに活用できる。

▼活動の流れ　　　　　　　　　　　　　▼指示・留意点

① ブレインストーミングの課題を出す。

> 今日のブレーンストーミングの課題は，毎日給食に出る牛乳キャップとビニールの使い方のアイデアです。

・他にも「ペットボトルの使い方」や，「新聞紙の使い方」など様々なアイデアが出て活発な活動になる。

② 班になって，アイデアを出し合い，用紙に記入する。

> それでは，班になってアイデアを出し合って下さい。

・話し合い活動の練習としてならば，どのような課題でも構わないが，その後の活動につなげるならば，課題の吟味が必要。

③ 班ごとに5つずつ発表する。

> 時間です。班ごとに発表してもらいます。

・5つ程度発表する。次の班は言われたもの以外を発表する。
・他の班が考えていないようなアイデアが出た場合は，惜しみない賞賛を贈る。

　　　　　　　　　　　　　　　　　　　　　　　　　　　＜吉澤克彦＞

ブレストゲーム

　　　月　　　日　　　年　　　組〔　　　　　　　　〕

課題

ブレインストーミングの４つのルール

　①**批判厳禁**（どんな意見に対しても批判をしてはいけない）

　②**自由に発想**（突飛なアイデアも歓迎する）

　③**質より量**（たくさん出し合う中から質の良いものが出る）

　④**改善発展**（他の意見に自分の考えを加え改善する）

メモ＆感想

エクササイズ 3 理想のクラスを絵に

ねらい 団結力を高め，親近感を深める。

対象・形態・時間 全学年・年度はじめ・班単位・15分×2

事前活動・準備するもの ワークシート（無言で，班員一人ひとりのクラスへの思いを，1枚の絵に仕上げていく。）

参考文献 『エンカウンターで学級が変わる中学校編』（図書文化）「共同絵画」

事後活動・発展 帰りの会で，班ごとに発表したり，学級だよりで紹介したりする。その後，学級目標の設定や学級旗づくりへとつなげる。

▼活動の流れ	▼指示・留意点
① エクササイズの目的を説明する。	これから1年間，このクラスで過ごしていくわけですが，共通する目標や理想像をみんなから出してもらい，1つにまとめていきたいと思います。
② 各班で，非言語的手段を用いて，理想のクラス像を1枚の絵に仕上げることを確認し，エクササイズを確認する。	具体的なまとめ方ですが，ワークシートに「無言で」「ジェスチャーなどを用いず」，理想のクラス像を班員1人ずつが「少しずつ」描いていきます。始めて下さい。 ・1人がたくさんの分量を描かないこと，絵以外の言葉などは決して書かないことを注意する。
③ 描かれた絵が示す意味について，班内で一人ひとりから説明をしてもらう。班長はそれらをまとめる。	描かれた絵について，その示す意味を全員で確認し，班長はそれらをまとめましょう。
④ 班長は，自分の班の絵と，その意味を発表する。	班長は，自分の班の絵と，その意味を発表しましょう。

＜中村雅芳＞

理想のクラスを絵に　　　　　　　　　　　　　　　　班

※無言で，全員で，少しずつ。

班長による絵の説明
※キーワードを押さえて，クラスへのみんなの願いと，絵の意味することを文章に表そう。

エクササイズ 4 即興劇　だれもが名優

ねらい　親しくなった班員同士の親睦をより深め，表現力をつける。

対象・形態・時間　全学年・年度途中・班単位・15分×2（朝の会，帰りの会で）

事前活動・準備するもの　ワークシート(与えられた題目に沿って，班内で，即興で劇を創っていく)

事後活動・発展　子どもたちの生き生きした表情をビデオ録画。シナリオと配役は学級だよりで紹介。

▼活動の流れ

① タイムリーで，子どもたちの実態に沿った題目を，教師が班ごとに用意し，指示する。

② 15分間で協力して，題目に沿った即興劇を班ごとに考える。

③ 順番に，1班ずつ発表する。

▼指示・留意点

これから，班員がより親しくなるために，即興劇を創ってもらいます。一人ひとりの協力が不可欠です。楽しい劇を創りましょう。

・すでに，班員の仲が良いことが前提条件。

（例）クリスマスも近いので，次のような題目を考えました。1サンタクロース，2トナカイ，3プレゼント，4誕生日，5もみの木，6雪，ーこれらの題目をテーマに，劇のシナリオと配役を，即興で考えて下さい。ワークシートは乱筆乱文になっても，筋書きが多少，つじつまが合わなくなっても構いません。

・班の構成メンバーを考え，題目が決して難しくならないように注意する。まとまらない班には，教師が積極的にアドバイスする。創り上げる過程が重要なので，内容の出来不出来については，あまり重きを置かないように注意する。

順番に，劇を発表しましょう。

＜中村雅芳＞

即興劇 だれもが名優　　　　　　　　　　班

場面

配役

あらすじ

他の班の発表を見て

エクササイズ 5

すごろくトーク

ねらい 自分の思いや体験を語る経験をする。互いに発表し合うことで理解が深まり合うと同時に、自らの思いを広げる契機ともなる。

対象・形態・時間 1～3年・班単位（5～7名）・15分

事前活動・準備するもの サイコロ・マス目板・コマとなるもの（各自の消しゴムまたは小さい物でよい）

参考文献 『教師と生徒の人間づくり第3集』（瀝々社）「さいころトーキング」

事後活動・発展 昼休みなどでもできるように、シートやさいころは、教室に常備する。班替えした後の帰りの会などで行うことを恒例とする。

▼活動の流れ	▼指示・留意点

① スタート地点に各自のコマを置き、さいころを振る順番を決める。

> 人のコマと区別のつく物を使いましょう。

② 順番に従って、さいころを振る。出た目だけコマを進め、止まった所に書いてある内容について話す。

> 「もどるor休み」は、1つ前の「もどるor休み」に戻るか、1回休むか選択します。戻って、また同じ所になった時は、同じことを言ってもよいし、別のことを言ってもかまいません。どうしても言いたくないことは、ノーコメントでも仕方ありません。

・ふざけて「ノーコメント」を連発してはいけないことを前もって注意しておく。巡視して、困っている人や班を援助する。

③ ゴールした人から終わりとなる。

> ちょうどの数でないと、ゴールできない。何度でも、ゴール近くで、往復することになる。

・1人がゴールしたらそこで中断してもよいし、都合のよい時間を切って中断してもよい。

④ 簡単なシェアリングをする。

> 代表数名から感想を言ってもらいます。

<柳修二>

すごろく

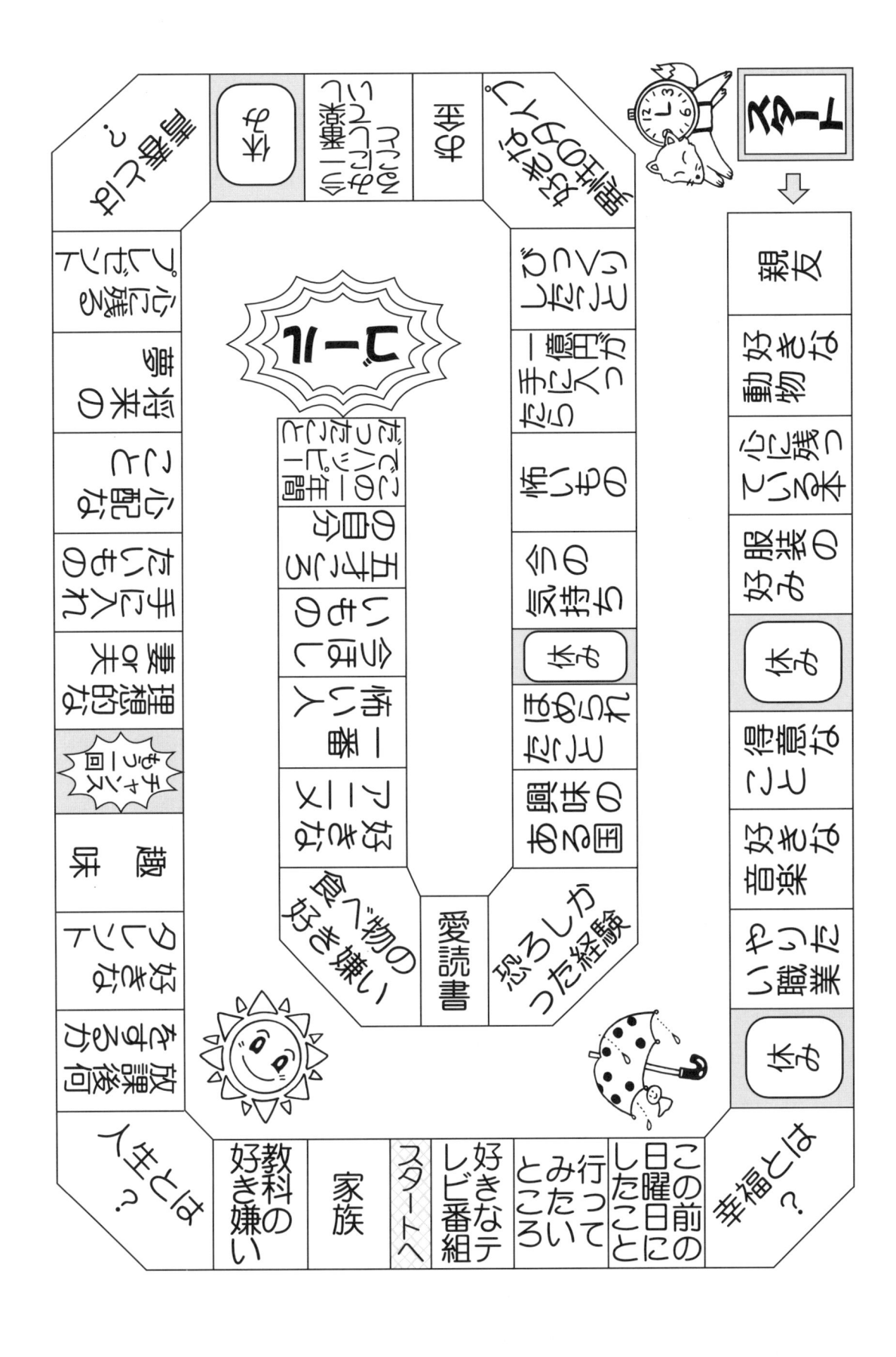

スタート → **ゴール**

右側（スタートから下へ）:
- スタート
- 親友
- 好きな動物
- 心に残っている服装
- 休み
- 好きな音楽
- 得意なこと
- やりたい職業
- 休み
- 幸福とは？

下側（右から左へ）:
- この前の日曜日にしたこと
- 行ってみたいところ
- 好きなテレビ番組
- スタートへ
- 家族
- 教科の好き嫌い
- 人生とは？

左側（下から上へ）:
- 何か放課後をすきな
- 好きなタレント
- 趣味
- もう一回チャンス
- 理想的な夫や妻
- 手に入れたいもの
- 心配なことは
- 将来の夢
- プレゼントしたい人
- 星座は？

上側（左から右へ）:
- 嫌いな人
- 苦手
- 宝くじで一億円当たったら
- 地球の終わり

内側（上から下、右回り）:
- 怖いもの
- 今の気持ち
- 休み
- ほめられたこと
- 興味ある国
- 好きなアニメ
- 怖い人一番
- 今のじぶんを五年前と比べると
- **ゴール**
- 愛読書
- 恐ろしかった経験
- 食べ物の好き嫌い

エクササイズ 6

ジェスチャー伝言ゲーム

ねらい 自由で楽しい雰囲気の中で正しく言葉を伝えることの難しさを知る
対象・形態・時間 1年生（2，3年生も可）・班・15分
事前活動・準備するもの 例文・ワークシート・正解を書く用紙
参考文献 『教師と生徒の人間づくり第2集』（歴々社）「ことづてリレー」
事後活動・発展 感想を帰りの会までに書かせシートを集める。
1日1問ぐらいとし数日間繰り返す。

▼活動の流れ

① 班ごとに1列に並ぶ。

② 先頭は教師から提示された単語や文を次の生徒に耳打ちし、次々とリレーをする。
● 「さいふを落として悲しい」「宝くじに当たってうれしい」「芸能人にばったり会って驚いた」「押されて，けんかになった」

③ 列ごとに発表する
● 「テレビゲームが楽しい」「勉強しなさいと言われておもしろくない」「敗れて残念」「悲しみ」「おどろき」「愛」「よろこび」「ラッキー！」「いかり」「勉強」「ラグビー」「ラーメン」など

▼指示・留意点

　机の間に班ごとに1列に並んでください。これからジェスチャー伝言ゲームをやります。制限時間内に後ろの人まで正しく単語や文を伝えてください。全員後ろを向いてください。

　これから一番前の人に問題を見せます。他の人はみんな後ろを向いて呼ばれたら前を向いてください。例文を見てから最後の人までの制限時間は2分とします。先頭の人は例文を見にきてください。

・最後尾は伝わってきた単語や文を紙に書いておく。
・短文なのか，単語なのかは明示する。
・単語の場合，名詞，形容詞などと指定する。
・単文の場合「あるできごとと感情などと指定する

　では，伝わったものを発表してください。

・変化した理由を考えさせる。
・正確に伝えられた班を賞賛し，感想を聞く。
・次は列の順番を入れ替えても良いことを伝える。

〈河内由佳〉

次ページ＝ファックス資料 →

伝言ゲ～ム

年　　組〔　　　　　　　　　〕

1回戦感想

　　月　　日

単語か短文
感想

2回戦感想

　　月　　日

単語か短文
感想

3回戦感想

　　月　　日

単語か短文
感想

4回戦感想

　　月　　日

単語か短文
感想

エクササイズ **7**

リレー物語

ねらい　共同作業を通じてグループの連帯感を強める。
対象・形態・時間　1～3年・グループ・5分×5回（人数によっては4回）
事前活動・準備するもの　ワークシート（右のシートを拡大してB4かA3にする）
　　　　　　　　　　　　　物語のテーマ
参考図書　『エンカウンターで学級が変わるショートエクササイズ集』（図書文化社）「リレー小説」
事後活動・発展　学級通信に掲載するなどした後，ポートフォリオに綴じる。

▼活動の流れ

＊朝の会・帰りの会などを使って（5分×5回）
① 未来の自分を，現在の希望や目標を思い浮かべながらイメージする。（個人）
テーマ例
　「新説　桃太郎」
　「担任〇〇物語」
　「〇組　ベストメモリー」
　「走れメロス　その後」
　「ウルトラマン　クーガ」
　「カップ麺のCM」
　「〇組　未来日記」など
②（2回目以降）グループ内で続きを書く。

＊最後の時間に
③ シェアリング。

▼指示・留意点

> 今日から1週間，班で協力して物語を作ります。テーマは「〇〇〇〇〇〇」です。一人が書く長さは4行で，まず自分のシートに物語のスタートを書いてください。

・1日目はグループ全員が「起」を書き，2日目は他の人が書いた「起」に続けて，「承」を，3日目は「転」，4日目は「結」を書く。1グループで，4つの物語ができあがるわけである。
・短い時間で書くことになるので，ストーリーは単純にし，登場人物も少なくする。

> グループ内で右隣の人にシートを渡し，続きを書いてもらってください。

・これまでのストーリーを読んでから書く。
・班員全員に回るまで繰り返し，最後の時間のシェアリングの後で，プリントを集める。

> 自分が始めた物語は，どんな結末になりましたか。この活動の感想を発表してください。

・否定的な感想などに対しては，温かく受け止め，柔らかく返事する。

＜神田一弘＞

リレー物語

___月___日___曜～___日___曜 実施

| テーマを決めた物語をリレーしましょう。 | 作品名 |

①

　　　　　　　　　　　　　　　　　　　　　　　　　　　　氏名

②

　　　　　　　　　　　　　　　　　　　　　　　　　　　　氏名

③

　　　　　　　　　　　　　　　　　　　　　　　　　　　　氏名

④

　　　　　　　　　　　　　　　　　　　　　　　　　　　　氏名

| エクササイズ 8 | 私の好きなクラス |

ねらい　　　クラスの1年間の思い出を確かめ合い，きずなを深める。
対象・形態・時間　　　1～2年・個人・グループ・5分＋15分
準備するもの　　　ワークシート
参考図書　　『エンカウンターで学級が変わるショートエクササイズ集』（図書文化社）「〇年△組が最高！」
事後活動・発展　　　掲示して，全員のものが見られるようにする。
　　　　　　　　　　多くの人が書いた内容から順位をつけて学級だよりで紹介する。

▼活動の流れ

＊朝の会など（5分）
① 未来の自分を，現在の希望や目標を思い浮かべながらイメージする。（個人）

＊帰りの会など（15分）
② 班ごとに①で考えたクラスの好きなところをシートに順に記入する。

③ シェアリングをする。

▼指示・留意点

> この1年間を振り返って，「自分はこのクラスのこんなところが好きだ」という点を，できるだけたくさん見つけてください。

・「クラスのすきなところ」「1年間の楽しかったこと」「みんなでできるようになったこと」などを思い出す。
・中心が1番，その上のマスが2番，そこから右回りに3番というふうに書く。
・帰りの会などでもう一度使うことを連絡する。

> 班で相談して，クラスの好きなところを順に1枚のシートにまとめてください。

・話し合って作るように指示する。
・各班が順にシートの中から1つずつ発表し，自分の班と同じものがあったら班長が〇をつける。

> 活動を通して感じたことをプリントに書く。

・この活動を通して感じたことをワークシートに記入する。
・数名が発表し，感想を共有する。

＜神田一弘＞

次ページ＝ファックス資料　→

私の好きなクラス

月　　日　曜　実施

年　　組〔　　　　　〕

クラスの良いところをたくさん見つけて，大切な順に記入しよう。

・このクラスの好きなところ　　　　・この１年の楽しかったこと
・力を合わせてできるようになったこと　　・他のクラスにないところ

〇クラスの良いところを見つけて，できるだけたくさん書こう。（個人で考えて）

〇班で相談してシートを作ろう。

⑨	②	③
⑧	①	④
⑦	⑥	⑤

〇今日の活動を振り返って感じたこと・気がついたことを書きましょう。

エクササイズ 9 — You are great!

ねらい
- 自分の似顔絵を描いたり，描いてもらったりする過程で班内の親近感を強める。
- 他人の良さを書き，他者を肯定的に見ることにより，班内に支持的風土を形成する。
- 他者から肯定的なメッセージをもらうことにより，自尊感情を高める。

対象・形態・時間　全学年・班替えのあと（特にない）・クラス全体（班単位）
　　　　　　　　　　準備5分・毎日のコメント・帰りの会5分×5・シェアリング5分

事前活動・準備するもの　似顔絵描き（ワークシート作成）

参考文献　『エンカウンターで学級が変わる中学校編』（図書文化社）「君はどこかでヒーロー」「マジカルほめことば」

事後活動・発展　全員からコメントをもらったら感想を書く。感想を学級だよりで紹介。

▼活動の流れ / ▼指示・留意点

① 自分の似顔絵をシートの中央に書く。

> 今日から1週間，班員同士で似顔絵とメッセージを交換します。まず，自画像をシートの中央に書きましょう。

- 自画像でなくとも，自分をイメージするキャラクターでも良い。
- 月から金まで誰が誰を書くか決める。

② 友だちから自分の似顔絵とコメントを書いてもらう。

> 自分のところに渡されたシートに自分の似顔絵と友達へのメッセージを書きましょう。

- 肯定的なメッセージに限定する。
- 絵が不得意な生徒もいるので友達から描いてもらってもよい。（黙々と描くより，会話や笑いもあり楽しい活動になることもある）

③ すべて書き終わってから感想を書く。

> 1週間たちました。班員全員からメッセージが書かれたシートを見て，感想を書きましょう。

- 学級だよりなどで紹介する。

＊感想例
- みんなのこときちんと見て書いた。みんなも私のことを見てくれていると思った。
- 自分では気づいていないことを気づいてくれていると思った。

④ グループで感じていることをシェアリングする。

＜田村和弘＞

YOU ARE GREAT !　　WE ARE FRENDS !

年　　組〔　　　〕

みんなからコメントをもらって思ったこと

エクササイズ 10　Good Luck 祈り込めて

ねらい　励まし合わせることで，自己肯定感を深め，自信をつけさせる

対象・形態・時間　3年生・受験前（受験を控えて不安いっぱいの子どもたちに，お互いの成功を祈ったお守りを作らせる）・クラス全体・15分×4（書くために朝の会3回と袋詰めのために1回使う）

事前活動・準備するもの　ワークシート・お守り袋

事後活動・発展　学級担任は，ワークシートを一人ひとり用に切り離し，担任からのメッセージも含めて，お守り袋に入れる。お守り袋は，自作よりも学級担任が作る。喜びもより大きいだろう。でき上がったお守りは，受験当日に持たせる。

▼活動の流れ

① 受験を控えた子どもたちの心に寄り添う。心の不安を解消するために，お互いに手作りのお守りを作ることを説明する。

② お守りに入れるクラスメート全員へのメッセージを書くように指示する。

③ お守り袋に入れる儀式を厳かに行う。

▼指示・留意点

　受験を控えた君たちに大切なのは自信です。自信をもつために，一人ひとりがみんなのために，お守りを作りましょう。

・お守りは，自分以外のクラスメート全員からのメッセージで構成される。お守り袋は自分で用意する。
・お守り袋に入れたメッセージは，受験が終わるまで決して見ない。（御利益がなくなる。）以上のことを確認する。

　では，ワークシートに一人ひとりへのメッセージを書いていきましょう。相手の成功を寿いで，成功への力になるように。

・完全に個人作業になるように，マイナスの言葉を書かぬように注意する。

　みんなの合格を願って，私が全員のお守り袋を作ってきました。これから各自袋詰めしてください。

・心が落ち着くようなBGMを流す。
・袋を渡すとき，担任は全員と固く握手する。

〈中村雅芳〉

★グッド・ラック 祈り込めて★

＊みんな不安でいっぱいなとき，相手の成功を心から寿けるのは，友達しかいません。
＊メッセージと送る相手の名前を丁寧に書いてあげましょう。

年　組（　　　　　）

第4章 危機を楽しく
★リマクマネジメントのエンカウンター

① トランプ戦争ゲーム　　トランプゲームのルール差により仲間外れを考える

② 満員電車ゲーム　　1人を輪に入れないように阻止する中で仲間はずれを考える

③ 学級イメージ　　学級イメージ調査を用いて学級について考える

④ 大切なもの　　それぞれ価値観が違うことを知り，仲間を認める

⑤ 息子よ　　切り離された文章を班で復元する中で男女差別を考える

⑥ もし○○がなかったら　　なくなると困ることを挙げ，大切さを再確認する

⑦ 気を利かせて　　相手の言動から，どれだけ本音や心の内を察知できるか

⑧ 私の短所　　自分の短所を挙げ，仲間からフォローしてもらう

⑨ 中学校に来るわけ　　中学校に来るわけと高校に行くわけを考える

⑩ 変身物語　　あるものになりきって思いを伝える

エクササイズ 1

トランプ戦争ゲーム

ねらい　自分と違う立場や考え方感じ方を知り，尊重する大切さを知る。
　　　　　相手が嫌な気持ちにならないようにしながら自分の意見を言おうとする態度を培う。

対　象・形態・時間　小学校高学年以上・グループ（4～6人）・20分程度

事前活動・準備するもの　トランプ・ワークシート

関　連　トランプを用いた「戦争」というゲーム

事後活動　ゲームをしてみての感想を「振り返りシート」に書いて，学級だよりで紹介する。

▼活動の流れ

① 各班でトランプゲームを楽しむ。
「戦争ゲーム」とは，カードを均等に配り，1枚ずつ出し，数が多い方が勝つゲーム。勝った者はカードを総取りする。同じ数ならばハート，スペード，ダイヤ，クラブの順で優劣が決まる。

ルール1
2，1，13，12………3。2が一番強い。
ルール2
13，12，…………1。13が一番強い。
ルール3
3，4，5，………2。3が一番強い。
ルール4
1のルールだが，クラブ，ダイヤ，スペードの順
ルール5
2のルールだが，クラブ，ダイヤ，スペードの順
ルール6
3のルールだが，クラブ，ダイヤ，スペードの順など，少しずつ勝ち負けの方法に差をつける。

② 制限時間の中で一番勝った生徒は次のグループに移る。

③「30秒黙想」してから，振り返りをする。

▼指示・留意点

① グループごとにトランプゲームを楽しみましょう。

・班長は班ごとのルールを班員にだけ聞こえるように説明する。
＊班長に，ルール遵守について責任を強くもたせる。

② 一番勝った人は次のグループへ移りましょう。（3分ずつ2～3回繰り返す）

・一番勝った人は意気揚々と新グループへ移動するが，微妙なルールの差異にはまだ気がついていない。
＊班長やそこに留まる生徒は絶対にしゃべらない。
＊ルールの差異に戸惑い，暗い顔の生徒を見取る。

③ 今日の活動について振り返りましょう。

・「嫌な気持ちになった人」「困っていた人に気づいた人」
・振り返りシートに記入する。

<津村誠>

トランプ戦争ゲーム振り返り用紙

年　　組〔　　　　　　　〕

(1) トランプゲーム直後の「30秒黙想」のときの気持ちを書いてみましょう。

　

(2) トランプゲームは班ごとにルールが違っていたのに気づきましたか。　　　YES・NO

(3) ルールの違いによって，あなたはストレスを感じましたか。　　　YES・NO

(4) なぜ違ったルールでゲームをやったのか説明してみましょう。

　

(5) 他人の発言や感じ方を責めないでよく聞きましたか。　　　YES・NO
(6) 自分の意見を相手に嫌な思いをさせないで言えましたか。　　　YES・NO

〔振り返りコーナー〕（学級だよりで紹介します）

① 今後，だれかが自分たちの期待する行動をしてくれないことがあった場合，あなたは何を大切にしながら，その人に接しようと思いますか？

　

② 自分の属する集団が自分の意見と違うことが分かったら，あなたは何を大切にしてその集団に働きかけますか？

　

③ 今後の授業に生きる意見があれば，自由に書いてください。

エクササイズ 2　満員電車ゲーム

ねらい　グループ全員が仲間の1人（オニ）を輪の中に入れないようにスクラムを組む活動を通して，仲間はずれにされる・する感覚を体感する

対象・形態・時間　1～3年生・学年集会や学級活動の時間・朝の会，帰りの会・15分から50分（設定時間によってゲームの回数を決める）

事前活動・準備するもの　総合司会（生徒または教師）は，シナリオを用意する。
体育館等の広い場所が望ましい。

事後活動・発展　シェアリングの部分（感想）を学級通信等で紹介する。

▼活動の流れ

① 5人～10人程度のグループを作る。（学級でやる場合は生活班を利用）ジャンケンで1人のオニを決める。

② 活動の流れを説明する。

（図：顔の向き／手をつなぐorスクラム／オニ）

③ 簡単なジュアリングを行う。

▼指示・留意点

> これから満員電車ゲームをやります。各班ごとに1つの車両ですが，満員なので1人だけ乗ることができません。まずジャンケンをして乗ることができない1人を決めて下さい。

・男女混合の班で活動する。

> グループ全員で手をつないでください。各グループのオニは，つないだ手のすきまや足と足の間から輪の中に入ろうとしてください。手をつないでいる人たちは自分のスペースを確保するためにオニを車両に乗せないように手をつないだまま防いでください。見事に満員電車に乗れたオニのグループは座ってください。時間は1分間です。よーい，始め。

・どうしても手をつながないグループ（異性）の場合は，同性同士のグループも認める。
・使うことのできる時間によって1分～3分程度のゲームの時間とする。

> 時間になりましたので，全員座ってください。ではそれぞれの感想をお願いします。

・見事にオニがグループの中に入った所と最後まで防いだグループの両方から感想を言ってもらう。
・時間があれば，数回オニを変えてゲームを行う。

＜本間昇＞

満員電車ゲーム振り返りワークシート

年　　組〔　　　　　　　〕

1　今日のエクササイズで感じたことを次の立場に立って書いてください。

　① オニになった人の気持ち

　

　② 満員電車にオニを乗せないように手をつないでいた人の気持ち

　

2　上の問1を受けて，①，②の気持ちと同じようなことを日常で経験したことはないですか。同じような気持ちになったことがあったら書いてください。

　

▼ミニエクササイズの評価（当てはまる方に○をつけて下さい）

1	楽しかった		いやな気持ちになった	
2	他人の気持ちを考えられた		考えられなかった	
3	自分自身を振り返った		振り返ることはできなかった	
4	いじめについて考えた		考えることはできなかった	
5	他のゲームをやってみたい		もうやりたくない	

エクササイズ 3 学級イメージ

ねらい　学級に対して自己診断することで，改善への意欲を高める。
　　　　　学級への所属感や連帯感を高める。

対象・形態・時間　全学年・個別〜班・15分×2

事前活動・準備するもの　学級雰囲気アンケート用紙・振り返り用紙

参考図書　『中学校学級経営事務辞典』(小学館)

事後活動・発展　クラスの合計ポイントを項目別に記述し掲示する。
　　　　　　　　　クラス全体で，結果分析と対策を検討する。

▼活動の流れ　　　　▼指示・留意点

① 学級の雰囲気調査を行う。

　学級の今の状態を考えるために，学級の雰囲気アンケートを行います。

・各自で回答する。

② 班のポイントを合計し，学級の良いところ，問題点を出し合う。

　それでは，班になって班の合計ポイントを出しましょう。その上で，学級の良いところ，問題点を1つずつ上げてみましょう。

・まとめて1つにする必要はない。

③ 昨日の結果を基に，改善のための具体策を班で話し合う。

　昨日の振り返り用紙を出しましょう。今日は，問題点を改善するための具体的な対策を考えてみましょう。

・多様な対策があげられることが望ましい。出てきた意見を班長会などで吟味し，できそうなところから取り組む。

④ シェアリングをする。

　シェアリングします。気づいたこと，感じたこと考えたことを発言してください。

<吉澤克彦>

学級の雰囲気アンケート　年　組〔　　　　　〕

　　　　　　　　　　　　　　　　　　　　　年　月　日　実施

○学級生活を振り返って，次の質問に答えてください。
　自分のことではなく，学級全体がどういう状態かを考えて答えてください。

個人のポイント

プラス数	マイナス数	差

「は　い」　＝　2
どちらかといえば「は　い」＝　1
どちらかといえば「いいえ」＝－1
「いいえ」＝－2

		個人	班
1	学級の雰囲気（ふんいき）は楽しいですか。		
2	学級目標実現のために，みんなよく努力していると思いますか。		
3	思ったことがなんでも言い合える雰囲気ですか。		
4	学級の話し合いは活発だと思いますか。		
5	協力して，係活動や朝の会・帰りの会を運営していますか。		
6	男女仲良く，団結していると思いますか。		
7	友達が良くないことをしていたら，みんな注意し合いますか。		
8	困った時や頼み事がある時に支えてくれる仲間がいると思いますか。		
9	係活動で，みんな責任を果たし活発に活動していますか。		
10	よい学級にしようとみんなで努力していますか。		
11	学級を変わりたいと思っている人が少ないと思いますか。		
12	いじめにあったり，仲間はずれになっている人はいないと思いますか。		
13	清掃は公平に分担してみんなで協力してやっていますか。		

◎班の合計ポイント

1	2	3	4	5	6	7	8	9	10	11	12	13	総

エクササイズ 4 大切なもの

ねらい 人によって価値観が異なることを知り，それぞれの考えの妥当性を認める。

対象・形態・時間 1・2年生・3人～4人グループ・20分

事前活動・準備するもの ワークシート
パターンAにするかBにするか決めてから印刷する。(班ごとに選択させてもよい) Bは道徳性の調査としても活用できる。

事後活動・発展 大切なものの価値観がそれぞれ違うことから，自分の考えがすべて正しいとは限らないことに気づかせる。道徳授業の，葛藤教材に取り組む場合に，このエクササイズを思い出させると，より効果的である。

▼活動の流れ

① ワークシートの中で，大切にしなければならない順番を決める。

② グループの中で，順番に自分の考えを紹介する。自分とどこが違うのかよく聞く。

③ グループの人の考えを聞いて，自分の考えと比べて，どんなことが印象に残ったのか感想をまとめる。

▼指示・留意点

ワークシートを見てください。いくつかの単語が並んでいます。その中で，最も大切にしなければならないことから，考えて，順番を決めてください。

・自分の価値観をはっきりさせたいので，1番目と2番目，そして一番最後にした理由もしっかりと記入させる。

グループの中で，1人ずつ発表してもらいます。そのときに，自分とどこが違うのかよく聞いていてください。

・「それはおかしいよ」という意見が出ないように，何が正しいのか，間違っているのか決まってはいないことを，あらかじめ話をしておく必要がある。

グループの人の発表を聞いての感想をシートに記入してください。

・感想を次の日の帰りの会や，学級だよりで紹介して，いろいろな考えがあることを知らせる。
・時間があれば，2，3発表してもらう。

＜野澤一吉＞

次ページ＝ファックス資料 →

大切なものランキング

年　　組〔　　　　　　　〕

パターンA

洋服　家（建物）　友人　勉強　親

先生　趣味　食べ物　自由　思いやり

1位 ＿＿＿＿＿＿＿＿＿＿
2位 ＿＿＿＿＿＿＿＿＿＿
3位 ＿＿＿＿＿＿＿＿＿＿
4位 ＿＿＿＿＿＿＿＿＿＿
5位 ＿＿＿＿＿＿＿＿＿＿

6位 ＿＿＿＿＿＿＿＿＿＿
7位 ＿＿＿＿＿＿＿＿＿＿
8位 ＿＿＿＿＿＿＿＿＿＿
9位 ＿＿＿＿＿＿＿＿＿＿
10位 ＿＿＿＿＿＿＿＿＿＿

自分の考えと，友だちの考えを比べて思ったこと。

パターンB

正義　誠実さ　人間愛　責任感　礼儀作法

謙虚さ　感動する心　感謝　伝統文化　国際的視野

エクササイズ 5 息子よ

ねらい 男女差別について考える。
　　　　 人権問題やいじめに対する自分の考えを見つめ直す。

対象・形態・時間 　全学年・班・15分

事前活動・準備するもの 　切り離した言葉のセット×班の数

参考図書 　『人権学習ブックレット②』（明石書店）「偏見と差別のメカニズム」

事後活動・発展 　道徳で偏見や差別を扱った教材で授業をする。

▼活動の流れ　　　　　　　　　▼指示・留意点

① 文章の復元作業を班で行う。

> 今日は，文章の復元作業を班で協力して行います。班長は，切り離された文章を取りに来てください。

・時間制限と，他の班に教えないルールも確認する。

② 中断して，どこが難しいのか質問する。

> 難航しているようですね。どこが合わなくて困っていますか。

・机間巡視する。

③ 正解を発表する。

> 正解を発表します。
> 何か疑問点はありますか。

・「父親は即死したはずじゃないですか。」の疑問に答える形で，④に進む。

④ 偏見について考える。

> 医者は男性であるとの無意識の決めつけに類することは，日常生活にもあるのではないでしょうか。
> 偏見や男女差別について，今後もう少しで，考えていきましょう。

・医者＝男性の思い込みの間違いが，偏見や差別につながるものであることに気づかせる。

＜吉澤克彦＞

6枚のカード

ある交差点で交通事故が発生しました。

大型トラックが，通行中の男性と彼の息子をはねました。

父親は即死しました。

息子は救急病院に運ばれました。

彼らの身元を医者が確認しようとしました。

医者は「息子！この子は私の息子です！」と，叫びました。

エクササイズ 6　もし○○がなかったら

ねらい　生活の中で，なくなると困ることをあげ，みんなで大切にしなければならないことを再確認する

対象・形態・時間　全学年・4人グループから全体へ・15分

事前活動・準備するもの形　ワークシート

事後活動・発展　新聞記事などで，悲しい事件を例にして，「この事件は○○がないから起きたんだよな」と，教師が最後に補足として話をすると，エクササイズが深まる。

▼活動の流れ

① 学校生活の中で，今存在している中で，なくなったら困ることを考える。

② グループの中で順番に発表する。ジャンケンをして順番を決めてもよい。もし時間があれば聞いている人から感想を聞いてもよい。

③ グループのみんながなるほどと関心したものを1つ決めて，全体に発表する。時間が許せれば1つにこだわることはない。

▼指示・留意点

　ワークシートに名前を書いてください。学校生活をする中で，これがないと困るなあということをあげてください。

・子どもの様子から，学校生活というと，考える範囲が広くなり，挙げづらくなると予想される場合は，クラス内で，休憩時間でというように，場所や時間を決めてもよい。

　グループの中で順番に発表しましょう。発表順を決めたら，始めてください。
　聞き手は，聞き終わったら発表者に何かコメントを言ってあげてください。

・あらかじめ，グループ内で発表することを伝え，人に知られても構わないことを考えさせる。

　グループ内で，なるほどと感心したことを，1つ決めて全体で発表してもらいます。

・クラスで分類して，同じことを考えた内容を1つのグループにして，掲示してもよいでしょう。
・教師自身が考えていることを最後に伝え，まとめとする。

〈野澤一吉〉

もし○○がなかったら

　　　　　　　　　　　　　年　　組〔　　　　　　　　〕

今の私には，これがなかったら困る。

そのわけは，

1

2

3

感　想

エクササイズ 7　気を利かせて

ねらい　言外の意図をくみ取ることを通して他者理解を促進する。

対象・形態・時間　2～3年生・ペア・15分

事前活動・準備するもの　ワークシート：A・Bどちらか（Aの方が初級）
　　　　　　　　　　　　　Aは友達の言葉に限定したシート，Bは多様な相手の言葉。

参考図書　『教師と生徒の人間づくり第3集』（瀝々社）「気が利く私」

事後活動・発展　記述された言葉を学級だよりで紹介。
　　　　　　　　　正反対の受け取り方があった場合などに，それを題材にディスカッションする。

▼活動の流れ

① 目的とやり方の説明。
　相手の気持ちを考えるという目的と，言葉を発した人の気持ちを考えることと，その人にどんな言葉を返すかを書くことを指示。

② 隣と交換して，異同について話し合う。

▼指示・留意点

> 今日は，「気が利く」ということについて考えてみましょう。気が利くためには，言葉の奥にある気持ちを受けとる能力が必要です。みんなは，どれくらいその能力があるかな。今日はシートに沿って，そのことを考えてみましょう。
> やり方は，シートに示された言葉の元になる気持ちを考え，プリントに記入し，それに対してどう受け答えるかを記入します。

・ワークシートの例を説明し，答え方のモデルを次のように示すと良い。
　「今日ひま？」の心は，（一緒に遊びたいな）（頼み事があるんだけどな）（電話してもいいかな）と，いろいろ考えられる。どう考えたかによって，「ひまだよ」と答える場合と「何か困ってるの」と聞いてあげる場合とがありあそうですね。

> では，書いたシートを隣同士で見せ合って，同じところ，違うところを確認しながら感じたり考えたりしたことを話し合ってください。

・時間があれば，どんなことを書いたかを発言してもらい，全体でシェアする。

〈吉澤克彦〉

気を利かせて　シートA　年　組〔　　　　〕

(　　) の中に，発言者の気持ちを，「　　」には返す言葉を書きましょう。

例　「今日ヒマ？」
（いっしょに遊びたいな）（電話したいな）（頼みたいことがあるんだけど）
「ヒマだよ」「何かこまっていることでもあるの？」

1	「あなたは感じがいい人です」 （　　　　　　　　　　　　　　　　　　　　　　　　　　　　　　　 「
2	「この係活動1人でやるのはつらいなあ」 （　　　　　　　　　　　　　　　　　　　　　　　　　　　　　　　 「
3	「久しぶりに小学校の先生に会うのに古い洋服しかないな」 （　　　　　　　　　　　　　　　　　　　　　　　　　　　　　　　 「
4	「お金持ってる？」 （　　　　　　　　　　　　　　　　　　　　　　　　　　　　　　　 「
5	「おれ，来月転校なんだ」 （　　　　　　　　　　　　　　　　　　　　　　　　　　　　　　　 「

気を利かせて　シートB　年　組〔　　　　〕

1	「将来何になりたいの？」（異性の友達から） （　　　　　　　　　　　　　　　　　　　　　　　　　　　　　　　 「
2	「○○って人気あるよね」（友達より） （　　　　　　　　　　　　　　　　　　　　　　　　　　　　　　　 「
3	「○○ちゃんは進学塾行ってるわよ」（親より） （　　　　　　　　　　　　　　　　　　　　　　　　　　　　　　　 「
4	「君は奉仕活動に関心があるかな」 （　　　　　　　　　　　　　　　　　　　　　　　　　　　　　　　 「
5	「うるさいあな」（バスの中で，知らない人に） （　　　　　　　　　　　　　　　　　　　　　　　　　　　　　　　 「

エクササイズ 8 　私の短所

ねらい　　自分の短所を，仲間からフォローしてもらい，自己肯定感を高める。

対象・形態・時間　　全学年・3人グループ・15分

事前活動・準備するもの　　ワークシート

参考図書　　『エンカウンターで学級が変わる第3集』（図書文化社）「みんなでリフレーミング」

事後活動・発展　　ワークシートを違うグループに渡し，アドバイスを書いてもらう。

▼活動の流れ / ▼指示・留意点

▼活動の流れ	▼指示・留意点
① シートに自分の名前を書かせる。 　自分の短所を1つだけあげる。	これよりシートを配ります。自分の名前を書いてください。 　今日は，自分の短所を1つあげてもらいます。真ん中の四角の中に，気になる短所を書いてください。
	・自分の短所は多く見つけやすいものである。しかし，その中から，自分が一番気になることを1つだけ決めさせる。
② 3人の中で，A，B，Cを決める。AのシートをBが見てアドバイスを記入する。Cは，適切なアドバイスになっているのかチェックする。	では，やり方を説明します。A，B，Cにあたる人を決めます。Aのシートを，Bが見てアドバイスを書いてあげます。それをCが見ていて，適切なアドバイスになっているのかチェックします。時間は3分です。3分経ったら，BのシートをCが見てアドバイスを記入します。
	・適切なアドバイスになっているのか，チェックする人はよく見るように促す。
③ 自分のシートを見て，順番に感想を言う。	自分のシートを見て，感想を言ってもらいます。そのとき，2人にお礼も忘れないでください。
	・時間があれば，他のグループにも渡し，アドバイスを記入してもらう。 ・教師自身の経験で，短所をフォローしてもらい，ありがたかった体験談を話す。

〈野澤一吉〉

私の短所 シート

年　　組〔　　　　　　　〕

アドバイザー「　　　　　」から

↓

短所

↓

アドバイザー「　　　　　」から

エクササイズ 9 　中学校に来るわけ

ねらい　　仲間の大切さや勉強の重要さなどを再認識する。
　　　　　　目的意識を明確にし，新たな生活への期待を高める。
　　　　　　これから始まる高校生活や職業生活が何のためにあるのかを考えさせる。

対象・形態・時間　　3年生・年度終わり・クラス全体・15分×4（朝の会と帰りの会）

事前活動・準備するもの　　付箋・ワークシート

参考文献　　『エンカウンターで学級が変わる』（図書文化社）「私が学校へ行くわけ」

事後活動・発展　　それぞれの理由を帰りの会までに書かせ，シートを集める。学級だよりで紹介，発表。

▼活動の流れ

① これまでの3年間を振り返らせて，なぜ，中学校へ通ってきたのか？　その理由をいくつも考える。

② 考えられた理由を学級だよりでまとめ，シェアし合う。（ブレーンストーミング）

③ これからの高校生活に思いを馳せ，何のために高校へ進学するのかを，いくつも考える。

④ 考えられた理由を学級だよりでまとめ，シェアし合う。

▼指示・留意点

　もうすぐ3年間が終わろうとしています。君たちは雨の日も雪の日も負けることなく，中学校に通ってきました。一体，どういう理由から継続できたのでしょうか？　どんな個人的な理由でも構いません。いくつもの理由を付箋に書き，ワークシートに貼りつけましょう。

　みんなから，中学校へ通うわけを聞きます。どんな意見でも，受け入れましょう。班内で順番に，自分が考えた理由を言ってみましょう。

　今度は視点を変えて，4月からみんなが通う高校や就職先について，考えてみましょう。どんな理由で行きますか？　さっきと同じ手順で考えましょう。

・お互いの考えを尊重する雰囲気の醸成を。

〈中村雅芳〉

次ページ＝ファックス資料　→

中学校に来るわけ・高校に行くわけ

年　組〔　　　　　　　〕

あなたはなぜ，雨の日も雪の日も負けることなく中学校に通ってきましたか？

※付箋に理由と名前を書いて，たくさん貼りつけましょう。

「なるほど」と思った他者の意見を書いてみましょう。

あなたはなぜ，高校や就職先へ行くのですか。

※付箋に理由と名前を書いて，たくさん貼り付けましょう。

「なるほど」と思った他者の意見を書いてみましょう。

エクササイズ 10 変身物語

ねらい ある物になりきって，いろいろな立場の思いがあることに気づかせる。

対象・形態・時間 1・2年生・3人～4人グループ・15分（帰りの会）

事前活動・準備するもの 1日の学校生活の中で，つい雑にしている物はないか見つけておく・ワークシート

事後活動・発展 ワークシートを掲示して，友だちの考えを知る。

▼活動の流れ

① 1日の学校生活の中で，つい雑にしている物をあげる。

② クラスであげられた，つい雑にしてしまっている物でもよいし，身の回りのものになりきって，持ち主へ言いたいことを考える。

③ グループ内で，友達の書いた文を読む。

④ 自分にはない視点で見た友達の考えに対して感想を持つ。

▼指示・留意点

今日1日の生活の中で，雑に扱ってしまった物は何かないですか。

・前もって，朝の会で，1日の学校生活で，つい雑に扱ってしまう物を，1つ見つけておくように指示しておく。

今みんなからあげてもらった物でもよいし，自分の身の回りの物になったつもりで，その持ち主や使う人に対して言いたいことはないか考えてください。

・うまく書くことが目的ではないので，思うがままに書くようにアドバイスをする。

グループの中で，友達の書いたシートをまわして順番に読んでください。

友達の考えのどんなところに感心したのか，まとめてみよう。

<野澤一吉>

変身物語

年　　組〔　　　　　　　　〕

ある日，私は突然，

```
┌─────────────────────────────────┐
│                                 │
│                                 │
└─────────────────────────────────┘
```

になってしまった。これは，日頃からあまり大切に使っていない罰なのかもしれない。
　私みたいにならないように，次のことを訴えよう。

```
┌─────────────────────────────────┐
│ 1                               │
│                                 │
│ --------------------------------│
│ 2                               │
│                                 │
│                                 │
│ --------------------------------│
│ 3                               │
│                                 │
│                                 │
│ --------------------------------│
│ 4                               │
│                                 │
└─────────────────────────────────┘
```

　ぜひ以上のことを注意して，これから大切に私を使って欲しい。私だって，みんなの役に立ちたいのだから。

感　想（友だちの物語について）

第5章 自分を楽しく
★セルフディスカバリーのエンカウンター

① **喜怒哀楽** 喜怒哀楽の感情に焦点を当てて今日1日を振り返る

② **こう見えても私は…** 自分の意外な面を3択クイズにして当ててもらう

③ **私は私が好きです** 自分の好きなところを挙げることで,自己肯定感を高める

④ **ビッグドリーム** 自分の夢を語りワンランクアップするアドバイスをもらう

⑤ **ミニ内観** してもらったことや迷惑をかけたことなどを思い出す

⑥ **一番欲しいモノ** 一番欲しいものをジェスチャーで示す

⑦ **なんでここにいるの?** 4つの言葉から一つを選択。自己イメージについて考える

⑧ **さいころトーク** さいころの目によって話題を決め,目を出した生徒が話す

⑨ **印象ゲーム** 自分の好みや傾向を振り返り,自分の対する気づきを得る

⑩ **○年後の私からの手紙** 希望をもって未来を思い描き,自分の生活を振り返る

エクササイズ 1

喜怒哀楽

ねらい　毎日の生活を振り返る。
　　　　　事実と感情を結びつけることで，冷静に自分を見つめる方法を知る。

対象・形態・時間　全学年・個人・5分程度

準備するもの　ワークシート

参考図書　「月刊　学校教育相談」（ほんの森出版）「2学期お勧めのエクササイズ」

事後活動・発展　教師が読んだ後，ポートフォリオに綴じて保管する。
　　　　　夏休み後に夏の思い出や行事を振り返って，「喜怒哀楽」に当てはめ，級友とシェアリングするなどの発展がある。

▼活動の流れ

① 今日1日を4つの観点から振り返る。

② シートに観点別に事実を記入する。

③ 喜怒哀楽のどの感情が一番大きいか考え，キャッチフレーズを書く。

▼指示・留意点

　今日1日を4つの観点から振り返ってみましょう。喜怒哀楽のそれぞれのコーナーに，その感情に当てはまる出来事がなかったか思い出して記入します。まず，じっくり思い出してみてください。

・全部のコーナーを記入する必要がないことを伝える。
・BGMを流し，落ち着いた時間とする。
・定期的に実施する。

　それでは，シートに記入してください。記入を終えた人は，裏にして下さい。先生が回収します。

・一人ひとり声をかけながら回収し，リレーションをつける時間とする。

　記入したものを見ながら，どの感情のコーナーが一番大きいか考えてみましょう。そして，キャッチフレーズをつけてみましょう。

・周囲の人と見せ合ってもよい。

＜吉澤克彦＞

次ページ＝ファックス資料　→

喜 怒 哀 楽

月　日　　　　　　　　　　　氏名

喜	怒
哀	楽

今日の自分のキャッチフレーズ

エクササイズ 2　こう見えても私は…

ねらい　　他者からの受容感を味わい，自分の良さを再認識する。
対象・形態・時間　　全学年・年度はじめ・クラス全体・15分×5（朝の会1週間）
事前活動・準備するもの　　ワークシート・番号札
　　　　　　　　　単なる自己紹介ではなく，他者から見て意外に映るであろう面を
　　　　　　　　　3択クイズ形式で強調して自己紹介する。
事後活動・発展　　クイズ作成は宿題として，家でやってくる。発表は，毎日8人くらいずつ，
　　　　　　　　　朝の会を使って行う。最終的に，クイズと答えを学級だよりで紹介する。

▼活動の流れ

① 「こう見えても私は…」の書き出しに続けて，自分の他者からあまり知られていない意外な一面を，3択クイズとして作成するように指示する。

② 自分の考えてきた自分に関する3択クイズを順番に発表する。

③ 周りの人は，どれが正解だと思うか，番号札をあげる。

▼指示・留意点

> これから，お互いにもっと深く知り合うために自己紹介をします。ただし，普通の自己紹介では面白くありません。他者から知られていない，見かけによらないことを，特に強調して知ってもらうために，一人ひとりから自分に関する3択クイズを作ってもらいましょう。
> 共通するルールは，知られていない自分の意外な面についてクイズを作ること，3択クイズとすること，「こう見えても私は…」という書き出しにすることです。この3つのルールを守って，楽しいクイズを1人が1つ，作ってきて下さい。

・内容と，宿題としてやってくることを確認。学級担任がお手本として，自分に関するクイズを出題すると子どもたちへ動機づけとなる。
・子どもたちが発表する場では，教師は精一杯盛り上げる工夫をする。全員の番号札があがるよう注意する。

> 正解だと思う番号札をあげてください。必ずどれかをあげましょう。

＜中村雅芳＞

こう見えても私は…

年　　組〔　　　　　　　〕

他者からあまり知られていない私の特技・趣味・秘密…

クイズ
こう見えても私は…

答え　A
　　　B
　　　C

補足説明…

みんなのクイズの答え　　さて，正解率は？			／

エクササイズ 3 　私は私が好きです

ねらい　　ポジティブな自己概念を語ることで自分を肯定的にとらえる。
対象・形態・時間　　全学年・班・15分
事前活動・準備するもの　　ワークシート
参考図書　　『エンカウンター』（誠信書房）「自分は自分が好き，なぜならば」
事後活動・発展　　「私はクラスが好きです。なぜならば」とか「わたしは学校が好きです。なぜならば」などを行い，所属集団に対する肯定的な気持ちを育む。

▼**活動の流れ**

① 「私は私が好きです。なぜならば」を実施する趣旨。

② ワークシートに自己アピールをできるだけ多く記入する。

③ 「私は私が好きです。なぜならば」に続けて，自己アピールすることを説明。

▼**指示・留意点**

　どんな人にも良さがあります。今日は，自分の良さを思いっきりアピールしてみましょう。

・自分の良いところを言うのを恥ずかしがる生徒が多いが，今まで気づかなかった自分に気づく方法であると説明し，取り組ませる。

　「私は私が好きです。なぜならば」に続く文章を，ワークシートにできるだけ多く書いてください。

・何も書けない生徒や1つ2つしか書けない生徒は，自分の欠点などを逆にして書くように指示する。例えば，「字が汚い」ならば，「字がきれい」と書くわけである。ゲシュタルトセラピーでは100％だめな人は，いないという考え方である。つまり「字が汚い」人でも100％汚い人はいない。1％は「字がきれい」なのである。自己概念を変えることも目的の1つである。

　それでは，班で順番に「私は私が好きです。なぜならば」に続けて，声に出して言ってみてください。聞き手は，真剣に聞いてあげましょう。

・終わったら感想を書く。

＜吉澤克彦＞

「私は私が好きです」ワークシート

年　　組（　　　　　　　）

「私は私が好きです。なぜならば～」

①	
②	
③	
④	
⑤	
⑥	
⑦	
⑧	
⑨	
⑩	

感想 ++

エクササイズ 4　ビッグドリーム

ねらい　自分の理想とする夢を友だちに知らせて，他者との交流を図る。

対象・形態・時間　1年生・2人・15分

事前活動・準備するもの　夢を追い求めて成功した例（新聞記事等）・ワークシート

事後活動・発展　経済界，スポーツ界，芸能界等で，子どもたちが興味がありそうな人が，自分の夢を達成した事実を，時あるごとに帰りの会等で話をする。

▼活動の流れ

① 理想でもよいから自分の夢をまとめる。今ない場合は，昔抱いていた夢を思い出してまとめる。

② 友だちの夢を見て，その夢にとどまらせないで，もっとビッグなことを考えて，本人に聞かせてあげる。

③ 友だちから教えてもらったことを見て，夢とは広がるのだなということを感じる。

▼指示・留意点

　この前の新聞で，〇〇さんが，子どもの頃からの夢を，現実のものにした記事が載っていました。みんなも知っていましたか。すごいことだと思いませんか。

・2～3人の子に，感想を求め，クラス全体が，夢について注目させる。

　さて君たちは，どんな夢がありますか。今ない人は，昔の夢でもいいですのでシートに書いてください。

　隣の友達に渡してください。さらに，もうワンランクアップして夢を，考えてシートに書いてください。

・ワンランクアップとは，質的に高いことでもよいし，その夢が達成できたら，さらにその次の夢でもよいことを知らせる。

　書いたら隣りの友達に返してください。夢とは限りなく広がるのですよね。

<野澤一吉>

次ページ＝ファックス資料 →

ドリームシート

年　組〔　　　　　　　〕

自分のドリーム（できたらいいなあと思っていること）

```
┌─────────────────────────────────────┐
│                                     │
│                                     │
│                                     │
│                                     │
│                                     │
└─────────────────────────────────────┘
```

↓アドバイザー（　　　　　）

🚩 ビッグドリームの道へ

```
┌─────────────────────────────────────┐
│                                     │
│                                     │
│                                     │
│                                     │
│                                     │
└─────────────────────────────────────┘
```

エクササイズ 5

ミニ内観

ねらい 自分の生き方を振り返る。
　　　　　対象について深く考えることで感受性を育てる。
対象・形態・時間　　3年生・ペア・15分
事前活動・準備するもの　　ワークシート・BGM
参考図書　　『エンカウンター』（誠信書房）「内観法」
事後活動・発展　　父母だけでなく，祖父母やお世話になった方でもよい。

▼活動の流れ　　　　　　　　　▼指示・留意点

① 両親に対して次の3点について，思い浮かんだ出来事を次々に書いていく。
「してもらったこと」
「して返したこと」
「迷惑をかけたこと」

　今日は母について次の3点を思い出してもらいます。ワークシートにあるように「してもらったこと」「して返したこと」「迷惑をかけたこと」です。
　できるだけ集中して，思い出したことから書いてください。時間は2分ずつです。

・母だけでなく，両親や肉親と範囲を広げても良い。ただ，今までの経験では最初は母がいいようである。
・書いたものは，教師以外は見ないこと，時間が来たらペアでシェアリングすることも事前に伝える。
・時間が足りないようならばもう少し延長するが，母に対して内観することに抵抗を起こす生徒もいるので，長すぎないようにする。

② ペアを作って，思い出したことを語り合う。

　では，ペアを作って思い出したことについて語り合ってください。思い出した事実そのものでも，思い出した時に感じたことでもかまいません。話したくないことは，無理に話す必要はありません。

・よく観察して，表情がさえない生徒は，後でケアする必要がある場合がある。例えば，嫌なことしか思い出せなかったという生徒や思わぬことを思い出して，1人では処理できない場合などがある。
・ワークシートは丹念にチェックしたい。

〈吉澤克彦〉

ミニ内観ワークシート

年　組（　　　　　　　　）

☐　について内観します

┌─「してもらったこと」─────────────────┐
│   │
│   │
│   │
│   │
└──────────────────────────┘

┌─「して返したこと」──────────────────┐
│   │
│   │
│   │
│   │
└──────────────────────────┘

┌─「迷惑をかけたこと」─────────────────┐
│   │
│   │
│   │
│   │
└──────────────────────────┘

エクササイズ 6 　一番欲しいモノ

ねらい　自分の価値観への気づき。

対象・形態・時間　全学年・班・15分

事前活動・準備するもの　ワークシート・ＢＧＭ

参考図書　『エンカウンターで学級が変わるショートエクササイズ集』（図書文化社）「ほんとうに欲しいもの」

事後活動・発展　掲示して，全員のものが見られるようにする。
多くの人が書いた内容から順位をつけて学級だよりで紹介する。
担任が，一言コメントして返す。

▼活動の流れ

① ジェスチャーで，自分が一番欲しいと思っているモノを挙げていく。
　　ＢＧＭ

② 本当にそれが一番欲しいのか少し考えてみてください。

③ 活動して気づいたこと考えたことを書く。

▼指示・留意点

班ごとに，自分の一番欲しいと思っているモノを出し合います。ただし，言葉を使わずジェスチャーで挙げていきます。思いついた人から，ジェスチャーしましょう。

・子ども心を発揮するためにジェスチャーで行う。
・お金や時間は除外する。それで，何が欲しいのかを考えたい。また，物質でなくともよいと指示しても良い。

時間です。みんな自分が欲しいモノをジェスチャーでアピールできましたか。そして，分かってもらいましたか。では，今ジェスチャーしたモノが本当に欲しいモノか自分自身に問い直してください。

・ワークシートに記入させる。
・この活動に入る前に，班で当ててもらえなかったモノを本人からジェスチャーしてもらいクラス全体で考えてもよい。

気づいたこと考えたことを書きましょう。

・学級だより等で紹介したい。

<吉澤克彦>

次ページ＝ファックス資料 →

一番ほしいモノ　ワークシート

班名＿＿＿＿＿＿＿＿＿＿＿＿

氏名

◆一番欲しいモノをジェスチャーで表そう◆

班員の一番欲しいモノを書き込みましょう。

1		4	
2		5	
3		6	

あなたの一番欲しいモノをジェスチャーで当ててもらった後に書こう。

本当に一番欲しいモノですか。考えてみましょう。

　別なモノがあったら下に書き込み，理由を書こう。また，上に書いたモノが，本当に欲しいものならば，その理由を書こう。

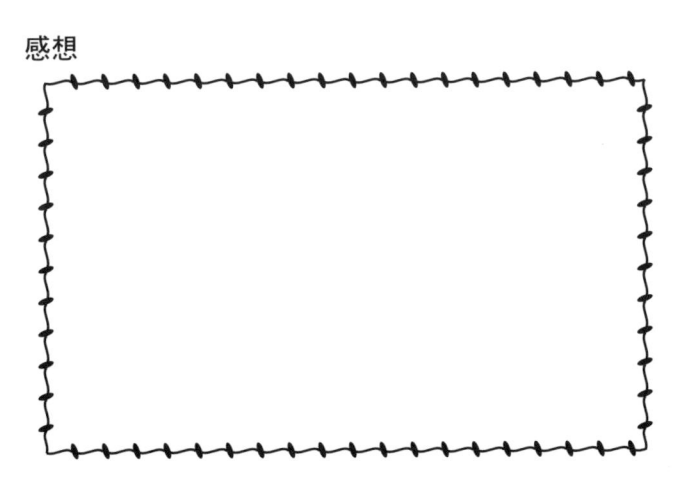

感想

担任＿＿＿＿＿＿から一言

エクササイズ 7 なんでここにいるの？

ねらい 　言葉を選択することにより，自己概念を豊かにする。
　　　　　　自分が考えている自分と，他人から見た自分の認識のずれから自己認知を修正する。
対象・形態・時間　　全学年・学級全体・20分
事前活動・準備するもの　　ワークシート・クレヨン・セロハンテープ・言葉を書いた紙
参考図書　　『エンカウンターで学級が換わる小学校編』（図書文化社）「四つの窓」
　　　　　　　『教師と生徒の人間づくり第3集』（瀝々社）
事後活動・発展　　各自の選んだ言葉を掲示で紹介する。

▼活動の流れ

① 教室の4つの壁面に掲示した言葉から，自分のフィーリングに合った言葉を選ぶ。

② 移動後に，シートに言葉を記入し，周囲とシェアリングする。

③ 次の言葉を示す。同じように何回か繰り返す。

④ 言葉を選択した自分を振り返って感想を書く。

▼指示・留意点

　今日は，自分自身を改めて考えるゲームをします。教室の4つの壁面に張った言葉の1つを選び，そこに移動してください。

・深く考えず，フィーリングで，ぱっと選ぶ。
・選択時間は，30秒程度で区切る。

　選んだ言葉をシートに書き，移動した理由を周りの人と話し合ってください。

・各時間は1分程度で切り上げる。

　その要領で，次の言葉を選びます。選んだら，シートに書いていきます。

・テンポよく行う。

【言葉の例】（対象的な言葉でなくともよい）
「温かい・冷たい・暑い・寒い」「さっぱりとした・のんびりとした・きびきびした・ゆったりとした」「春・夏・秋・冬」「お金・スポーツ・眠る・勉強」「正義・思いやり・安定・お金」

＜吉澤克彦＞

なんでここにいるの？

年　組（　　　　　　　）

回数	選択した言葉	感想
1		
2		
3		
4		
5		

上の言葉を選んだ自分を振り返って

エクササイズ 8　さいころトーク

ねらい　自己開示。
　　　　　話を聞く体験，話を聞いてもらえる体験を通して自分と他者を考える。

対象・形態・時間　全学年・班（4〜6人程度）・15分

事前活動・準備するもの　ワークシート・さいころ（班の数だけ）

参考図書　『育てるカウンセリングツールボックス中学校編』（図書文化社）

事後活動・発展　課題を変えて行う。
　　　　　　　　　内面的なことを聞くのが上級コース。好きな色など表層的なことを聞くのが初歩コース。

▼活動の流れ / ▼指示・留意点

① 活動の意義について話す。

> 自分のことを話すのは，少し勇気がいるものです。でも，友達と深くつき合うためには自分のことを話すことも必要です。今日はさいころを使って少しだけ勇気を出して，自分のことを語ってみましょう。

・シートを配布してから説明する。

② シートにメモする。

> 考える時間を5分取ります。各項目にどんなことを話すか，メモしてください。

・長い時間は必要ない。文を書いてしまうと，読むだけになるので，メモだけの方がよい。

③ さいころを順番に振り，出た目のお題について，スピーチする。

> 順番にさいころを振り出た目の話題についてスピーチします。順番が決まったら，ゲームを始めて下さい。どうしても話せない話題は制限時間内黙っていてください。時間が来たら次の人にタッチです。

・スピーチ時間は，集団の状態によって決める。30秒以内などと指定すると話しやすくなるし，話せなくとも耐えられる時間である。

④ 感想を書く。

・書かれた感想は学級だよりで紹介するとよい。

　　　　　　　　　　　　　　　　　　　　　　　　　　　　　　　　　　　　＜吉澤克彦＞

さいころトーク

年　　組〔　　　　　　　〕

	テーマ	メモ
1	尊敬する人物	
2	10年後	
3	一番欲しいもの	
4	熱中していること	
5	楽しかった思い出	
6	失敗したこと	

答え方のパターン

私の　　　　　は　　　　　です。理由は　　　　　だからです。

感じたこと・考えたこと

エクササイズ 9　印象ゲーム

ねらい　自己の好みや傾向を振り返ると同時に，他者との比較の中での気づきを大事にする。

対象・形態・時間　1～3年・学級全体・15分

事前活動・準備するもの　ワークシート

参考文献　『教師と生徒の人間づくり第3集』（瀝々社）「どちらを選ぶ」

事後活動・発展　感想を帰りの会などで交換してもよいし，班内で回し読みをしたり，学級だよりで紹介してもよい。

▼活動の流れ

① ワークシートに自分の好みを答える。

② 自分の選んだ方に手を挙げていく。指名されたら，理由を発表する。

③ 感想を書く。

▼指示・留意点

直感で自分は①か②かを決め，左端の空欄に，①もしくは②を記入していって下さい。

・言葉の意味がわからない時は，わかりやすく説明する。

これから①か②か，上から聞いていくので手を挙げてください。

・途中，いくつかで，①もしくは②の理由を，指名して何名かに発表してもらう。

感じたり気づいたりしたことなど，何でもよいから感想のところに書いてください。

〈柳修二〉

印象ゲーム

年　組〔　　　　　　　　〕

項目 \ 名前，日付等								
①消費(使う)型	②貯蓄(ためる)型							
①1人の方がよい	②グループの方がよい							
①バラが好き	②ユリが好き							
①文学，芸術好き	②スポーツ好き							
①春が好き	②秋が好き							
①食堂	②レストラン							
①都会	②田舎							
①現在	②未来							
①外出	②家でのんびり							
①山	②海							
①思いつき型	②理屈型							
①亀	②うさぎ							
①赤	②緑							
①平凡	②平凡でない							
①洋楽	②日本の歌や曲							
①植物	②動物							
①物	②心							

感想

エクササイズ 10

○年後の私からの手紙

ねらい　夢と希望を抱きながら，将来を思い描く。
　　　　　自分自身の生き方やあり方について考える。
対象・形態・時間　1～3年・個人・20分
事前活動・準備するもの　ワークシート・ＢＧＭ・「10年後の私」などの進路学習資料
参考図書　『エンカウンターで学級が変わる』（図書文化社）「25歳の私からの手紙」
事後活動・発展　教師からのメッセージを全員のシートに書く。
　　　　　　　　　学級通信に掲載したり，ポートフォリオに綴じたりする。
　　　　　　　　　教育相談を行う際の個人資料とする。
　　　　　　　　　タイムカプセルに入れて，その年になったら開くことを約束する。

▼活動の流れ　　　　　　　　　　　▼指示・留意点

① 未来の自分を，現在の希望や目標を思い浮かべながらイメージする。

（中学3年生の場合）
　皆さんは○年後には，ほとんどの人が○歳になっています。一体どんな生活を送っているのでしょうか。○歳になったつもりで，現在の自分に手紙を書いて下さい。

・住んでいる所，家族，仕事などについて触れて書く。
・現在の自分を励ますような手紙になるように書く。
・先輩の手紙や教師の手紙を紹介するとよい。

② ワークシートに○年後の自分からの手紙を記入する。

　それでは，シートに記入してください。終わった人から，読み合って励ましを書いて下さい。

・書き終えた生徒から，随時グループ内で回し読みをして，書いた人への励ましを書いて交換する。

③ シェアリングをする。

　感想を発表して下さい。

・返してもらったワークシートをみて，自分の感想を書く。数名が発表する。
・級友の励ましの言葉に対する感想を発表し合うことで，学級の支持的雰囲気を育てる。

＜神田一弘＞

◯年後の私からの手紙

月　　日　　曜　実施

年　　組〔　　　　　　　〕

◯歳の自分になったつもりで，現在の自分にあてた手紙を書きましょう。

次のことに触れておきましょう（書いたら□に☑マークを入れましょう）
- □今どこに住んでいるか　（田舎？　都会？　日本？　外国？）
- □だれと住んでいるか　（家族は？　結婚は？　子供は？）
- □どのような仕事をしているか
- □この年齢までにどのような経歴をたどってきたか
- □15歳の自分が今しておかなければならないことは何か
- □15歳の自分に対して励ましの言葉や，元気の出る言葉を贈ろう

拝啓　◯年前の15歳の私へ

◯年後の◯歳の私より

● ◯歳になったつもりで，この人がもらってうれしいアドバイスの言葉を書こう。

- ・　　　　　　　　　　　　　　　　　　　　　　　　　　　（　　　　　より）
- ・　　　　　　　　　　　　　　　　　　　　　　　　　　　（　　　　　より）
- ・　　　　　　　　　　　　　　　　　　　　　　　　　　　（　　　　　より）
- ・　　　　　　　　　　　　　　　　　　　　　　　　　　　（　　　　　より）

編集を終えて

　私がSGEを知ったのが平成元年の夏。ある研修会であった。その後、本を頼りにしながら自学級でSGEを実践し、5年後の平成6年11月にSGEを研究するために、日本での提唱者である國分康孝先生を筑波大学の研究室に訪ねた。緊張している私をにこやかに迎えてくれ、長期研修生との授業に参加させていただいた日のことを今でも鮮明に覚えている。
　その日を契機に、片野智治先生（跡見女子学園大学）や岡田弘先生（聖徳女子栄養短期大学）を紹介していただき、SGEのリーダー研修会の合宿に参加した。そこで全国のSGEの研究者や実践者に出会い語らう機会が広がっていった。図書文化社の『エンカウンターで学級が変わる』シリーズの執筆や編集をさせて頂くことになったのも、日本教育カウンセラー協会に所属し学んでいるのもそれらの縁からである。

　それにしても、私はエンカウンターが好きだ。
　そこには、共感し合える世界がある。そして、共に考え、共に歩んでくれる仲間がいる。弱音を吐ける仲間もいる。本音で話せる仲間、本気で喧嘩できる仲間もいるからである。
　今の中学生は……そのような仲間が周りにいるだろうか。思春期のまっただ中の中学生にもエンカウンター体験の中で、本当の仲間を、そして本当の自分を見つけていってほしいと願っている。教師は、ミニエクササイズでその支援ができる。
　それが本書をまとめた動機である。本書の主張はただ1点。ミニエクササイズの実施で「子どもたちが成長する」ということ。
　短時間で人間関係が形成され、望ましい集団が出来上がる。それにより、個の成長も学力の向上も期待できる。鳥屋野中学校での7年間の、明るい挨拶と何事にも真剣に取り組む生徒たちに囲まれた充実した毎日を振り返り、中学生がもつパワーを引き出す構成的グループエンカウンターの可能性を確信した上での結論である。

　なお、本書のミニエクササイズの多くは、『エンカウンターで学級が変わる』（図書文化社）シリーズや『教師と生徒の人間関係づくり』（瀝々社）シリーズなどをベースにしている。勤務校を中心に、それらをテキストに、短時間で実施できるミニエクササイズとしてアレンジしながら自校化していったからである。原形をとどめていないものやかなり似通っているものと色々だが、各々のエクササイズごとに参考図書を明記してある。
　SGEの理論を学んだり、一時間を単位とするものや「総合的な学習の時間」で活用する場合は図書文化社のシリーズなどを併せてご覧いただければ幸いである。

吉澤　克彦

執筆者 (50音順)

河内　由佳　　新潟県安田町立安田中学校教諭
　ことづてリレーを繰り返し実施し，まとまりがなく他人任せだったクラスの雰囲気も明るく変わり，生徒たちが主体的に活動できるようになりました。

神田　一弘　　新潟県聖籠町立聖籠中学校教諭
　最近，SGEを使った道徳をやりました。「ブラインドウォーク」での「優しくされて安心した」経験を導入に，不登校だった人の投書を資料にした授業です。SGEは効果的です。

田村　和弘　　新潟県加茂市立葵中学校教諭
　You are great!の似顔絵書きから和気あいあい。良いところ探しで，気分上々。班の仲が良くなって，「班替えしたくなーい」や「班替えしてもまたやろう」との声しきり。

津村　誠　　新潟市立宮浦中学校教諭
　「トランプ戦争ゲーム」のシェアリングで，ある生徒が泣いてしまいました。独りぼっちで苦しんでいる人の気持ちを擬似的に体験したことによるものでした。

中村　雅芳　　新潟市立鳥屋野中学校教諭
　目の前にいる子どもたちの心をいかに揺さぶるか。また，私自身が揺さぶられるか。ＳＧＥを繰り返し行う中で，子どもたちも変わったが，自分自身が変われたことが一番の収穫。

西片　宣明　　新潟県吉田町立吉田中学校教諭
　ＳＧＥ行うと，生徒は話し相手にわかりやすく話そうと心がけ，普段の学級の話し合い活動もよりスムーズにいくようになりました。

野澤　一吉　　新潟市立鳥屋野中学校教諭
　全国の学級担任の先生方，目標とするクラスはどんなクラスですか。そのクラスに迫るように，今どんな手立てをしていますか。悩んでいたらミニエクササイズをどうぞ。

本間　昇　　新潟大学教育人間科学部附属新潟中学校教諭
　『簡単！楽しい！気持ちいい！』をテーマに，様々なミニエクササイズを学級・学年で実践しています。

柳　修二　　新潟市教育相談センター指導主事
　参加者の緊張をほぐし，他者や自己に対する理解を深めさせます。そして，集団としての親和性が高まっていくと考えています。

吉澤　克彦　　新潟県栃尾市立刈谷田中学校教頭
　2学期後半から3学期に，なんとか収線ミニエクササイズのほとんどを授業の導入や「総合」，自習時間等に実施した。気分は最高！

著者略歴　吉澤克彦（よしざわ・かつひこ）新潟大学大学院教育研究科修了。教育学修士。
　現在新潟県栃尾市立刈谷田中学校教頭。日本カウンセリング学会員。上級教育カウンセラー（日本教育カウンセラー協会）。
　モットーは現実原則と快楽原則の融合。エゴグラムパターンは，今のところはCPとAが高い。FCをもっと高くしたい。
　著書に『エンカウンターで学級がかわる3中学校編』『エンカウンターで総合がかわる中学校編』『育てるカウンセリング全書9』以上図書文化社（編著）。『子どもの心を育てるカウンセリング』学事出版（分担執筆）など。
　実践者を下記ホームページを介してサポートします。遠慮なくアクセスしてください。
http://www8.ocn.ne.jp/~katsu-y/index.html

【編著者】

吉澤　克彦（よしざわ　かつひこ）
　　　　新潟県栃尾市立刈谷田中学校教頭
　　　　構成的グループエンカウンター研究会・
　　　　　　　　　　　　　　　新潟　代表

構成的グループエンカウンター・
ミニエクササイズ50選　中学校版

2001年5月初版刊	Ⓒ編著者　吉　澤　克　彦
2024年7月38版刊	発行者　藤　原　久　雄

　　　　　　　　発行所　明治図書出版株式会社
　　　　　　　　　　　http://www.meijitosho.co.jp
　　　　　　　　　（企画）安藤征宏　（校正）田村志織
　　　　　　　　〒114-0023　東京都北区滝野川7-46-1
　　　　　　　　振替00160-5-151318　電話03(5907)6704
　　　　　　　　　　　　ご注文窓口　電話03(5907)6668

＊検印省略　　　印刷所　松澤印刷株式会社
　　　　　本書の無断コピーは，著作権・出版権にふれます。ご注意ください。

Printed in Japan　　　　　　　　　ISBN4-18-872013-1